出版专业版权人才培养与案例教学研究

杨金花　等　编著

河北大学出版社
·保定·

出版专业版权人才培养与案例教学研究

CHUBAN ZHUANYE BANQUAN RENCAI PEIYANG YU ANLI JIAOXUE YANJIU

出 版 人：刘相美

责任编辑：王红梅

装帧设计：杨艳霞

责任校对：刘景坤

责任印制：常　凯

图书在版编目（CIP）数据

出版专业版权人才培养与案例教学研究 / 杨金花等编著. -- 保定 : 河北大学出版社, 2025. 1. -- ISBN 978-7-5666-2530-4

Ⅰ. G239.2

中国国家版本馆 CIP 数据核字第 20256YD601 号

出版发行：河北大学出版社

地址：河北省保定市七一东路 2666 号　邮编：071000

电话：0312-5073019　0312-5073029

邮箱：hbdxcbs@163.com　网址：www.hbdxcbs.com

印　　刷：保定市北方胶印有限公司

幅面尺寸：170 mm × 240 mm

印　　张：12

字　　数：180 千字

版　　次：2025 年 1 月第 1 版

印　　次：2025 年 1 月第 1 次印刷

书　　号：ISBN 978-7-5666-2530-4

定　　价：68.00 元

目　录

导　　言

出版物的文化属性和商业属性决定出版业是一个复杂的文化产业体系，加之互联网技术、人工智能技术的迅猛发展，出版新业态的出现，出版学科共建成为培养新时代出版人才的必然要求，为此中宣部联合教育部，统筹高校、宣传部门、出版集团等机构，指导推动中国特色出版学科建设。2022年7月24日，全国出版学科共建工作会在北京大学召开，由高校、出版集团、宣传部门共建的全国首批5所出版学院、出版研究院宣告成立。此次会议以“政产学研用”学科共建模式开启了出版教育人才培养模式的新篇章，也为出版学科共建正式拉开帷幕。出版学科共建，为创新型、研究型、应用型出版人才在订单培养、源头培养方面提供助力，着力构建具有中国特色的出版学科体系、学术体系和话语体系。

版权作为国家发展战略性资源和国际竞争力核心要素的作用日益明显。“版权是文化的内核、创意的化身；版权是文化事业和产业发展的重要资源要素。”① 2019年我国“版权产业的行业增加值为7.32万亿元人民币，同比增长10.34%；占GDP的比重为7.39%。中国版权产业在国民经济中的比重稳步提升，总体规模进一步壮大”②。经过疫情考验，2021年版权业持续健康发展，“版权产业的行业增加值为8.48万亿元人民币，同比增长12.92%，占GDP的比重为7.41%，版权产业已经成为我国创新发展的新引擎”③。版权

① 孙宝林：《推动构建版权文化学术话语体系》，《人民政协报》2023年12月4日。

② 《2019年中国版权产业增加值已占到GDP的7.39%》，国家版权局官网，2020-12-30。

③ 《中宣部：版权产业已经成为创新发展新引擎》，中评网，2023-11-09。

作为国家文化软实力的重要指标，是国际竞争的核心要素。我国文化企业在参与国际竞争的过程中，文化内容和版权是核心竞争力，“版权运营是出版发展的杠杆和动力，出版社、出版集团凭借版权优势，充分运营版权，可闯出转型升级的发展新路”①，“如果版权在市场得不到有效保护，企业也很难发展起来”②。

版权作为知识产权的重要组成部分，在建设创新型国家和文化强国、知识产权强国进程中，地位越来越重要，作用越来越显著。近年来，国家先后颁布了《知识产权强国建设纲要（2021—2035年）》《版权工作“十四五”规划》《关于强化知识产权保护的意见》《“十四五”国家知识产权保护和运用规划》，在国家和政府层面明确了我国未来中长期的知识产权和版权事业的发展方向，也为促进知识产权运用、强化知识产权保护、建设知识产权强国等工作提供了方向和指南。《版权工作“十四五”规划》中明确指出，到2025年，中国版权产业占GDP比重达到7.9%。“作为创新驱动发展的新引擎，版权产业对我国经济结构优化升级发挥了重要作用，为我国经济高质量发展增添了‘版权动力’。”③ 打通版权创造、运用、保护、管理、服务全链条，推进版权服务工作高水平发展，回应新时代版权工作的高标准和高要求，都离不开人才支撑，作为人才培养源头的高校自然责无旁贷。

一、研究的必要性和迫切性

（一）研究的必要性

贯彻党中央、国务院决策部署。2021年以来，中共中央、国务院在宣传思想文化领域印发系列专项规划和指导性文件，为全面建设社会主义现代化国家提供强大思想保证、精神动力的同时，也明确了任务目标。《知识产权强国建设纲要（2021—2035年）》《版权工作“十四五”规划》明确了我国中

① 中原出版集团：《版权是企业“发动机”，也是“能源库”》，《中国新闻出版广电报》2023年9月14日。

② 《版权无限 创新无限 产业无限》，《中国新闻出版广电报》2022年9月1日。

③ 《2019年中国版权产业增加值已占到GDP的7.39%》，国家版权局官网，2020-12-30。

长期知识产权和版权事业的发展方向与任务目标。探索版权方向人才培养模式，是为社会主义文化强国和版权强国提供人才支撑与智力支持的系统化解决方案之一。

回应时代之需、国家之需。习近平总书记在全国教育大会上指出，建成教育强国"是实现以中国式现代化全面推进强国建设、民族复兴伟业的先导任务、坚实基础、战略支撑，必须朝着既定目标扎实迈进"①。我国高等教育已进入普及化阶段，自主培养高素质人才，实现高等教育高质量发展，为全面建设社会主义现代化国家提供智力支撑成为高等教育发展的首要目标。我国出版教育在为出版业持续输入专门人才、助力出版事业发展繁荣的同时，出版人才培养依然存在诸多短板，特别是版权人才培养"数量不能适应出版行业的快速发展"，"高层次、复合型版权人才培养基础薄弱"。② 教育部印发的《教育部关于深入推进学术学位与专业学位研究生教育分类发展的意见》提出，"专业学位应突出教育教学的职业实践性，强调基础课程和行业实践课程的有机结合，注重实务实操类课程建设，提倡采用案例教学、专业实习、真实情境实践等多种形式，提升解决行业产业实际问题的能力"。出版是实践性很强的学科专业，因此，探索出版专业版权方向人才培养模式，是服务国家战略、回应时代需求、落实出版教育内涵式发展的必经途径。

（二）研究的迫切性

出版业发展急需大量版权人才。作为版权核心产业的出版业在快速发展过程中，版权人才需求问题越发凸显。一方面，出版主体、载体和传播渠道多样化导致版权查证归属复杂化，企业数字版权资产管理维护困难，亟须大量专门人才充实到相应岗位；另一方面，大量新型版权内容的创造和消费，正逐步形成新的产业链条，也亟须大量高水平版权人才充实到行业相关部门和岗位，整体提升版权创造、运用、保护、管理和服务水平，但现实是高质

① 《习近平在全国教育大会上强调：紧紧围绕立德树人根本任务 朝着建成教育强国战略目标扎实迈进》，中国政府网，2024-09-10。

② 刘睿、欧剑：《出版深度融合发展背景下版权人才培养的路径与方法》，《中国编辑》2023年第7期，第76—80页。

量版权人才极其缺乏，具体表现就是当下出版企业特别是传统出版企业的发展困境不只是被侵权盗版困扰，更为急迫的是由于人才缺乏系统性版权知识技能，导致版权资源管理战略性、策略性不足，版权开发缺乏前瞻性和可预期性。

出版专业版权方向人才培养被紧急提上日程。数智时代的到来，出版业受到数智技术的强力冲击，出版教育和人才培养模式亟待更新与完善，需要我们在出版学科专业共建背景下，从当前出版业版权人才需求、高校版权人才培养实际角度，探明我国版权人才需求现状、现有人才培养途径、存在的主要问题及其制约因素等，在此基础上统筹推进出版与版权教育工作，更新完善现有人才培养模式，加快人才培养节奏，提升人才培养层次和质量。目前出版行业的版权人才主要通过社招和出版机构内部培养，因为相关专业培养的毕业生不仅人数少，而且难以有效满足实际工作要求。我国培养版权人才的学科专业主要涉及法学和出版学。课程体系是落实人才培养的主要途径，以此衡量和预期法学专业人才培养成效，很难在短期内有大的改观，而且从配合《研究生教育学科专业目录（2022 年）》实施的知识产权专业学位类别简介里也可看出，其人才培养的知识体系主要是“知识产权与法学、管理学、经济学、理学、工学等学科门类交叉”，主要目标和发力点是知识产权三大领域中的专利权。因此，出版专业版权方向人才培养就被紧急提上日程。

鉴于出版学科较强的实践性特征，国内外相关高校出版人才培养普遍采用了双导师制和案例教学法。但由于师资队伍规模有限，目前国内外开发的出版教学案例有限，专门教材极少且较为陈旧。例如自 2018 年以来，“中国专业学位案例库”中出版专业入库案例基本处于停滞状态，且由于出版学界和业界存在一定程度的隔膜，导致学界开发的案例缺乏实践指导性，业界开发的案例缺乏学理性。从案例教学与写作本身衡量，也缺乏一定的规范性，高校教师作为出版学科专业共建主体之一，有责任和义务投入时间和精力进行研究，在满足本校课堂教学、人才培养使用的同时，将出版教育建制化培养人才的力量发挥出来。

二、研究综述

（一）版权人才培养模式研究

在中国知网高级检索栏目条输入主题“版权”“人才培养模式”，截至2023年12月，只检索到7篇论文，其中法学类论文3篇、出版类论文3篇。除谢琼、陈婉玉（2018）① 从产业角度专门探讨德国版权产业人才培养模式，王志刚（2009）② 构建了适应版权产业发展的版权贸易人才培养模式外。其余研究成果中，版权人才培养主要体现在相关人才培养模式中，如陈虎（2023）③ 以商标法教学改革实践为中心，探讨了知识产权复合型人才培养模式。

（二）版权人才培养研究

基于上述检索结果，课题组适当放宽了检索条件，输入主题“版权”“人才培养”，截至2023年12月，共检索到374篇论文。其中出版类179篇，除刘睿、欧剑（2023）④ 专门从产业角度探析出版深度融合发展背景下版权人才培养的路径与方法，秦宗财、方影（2016）⑤ 探讨美国版权产业人才培养经验外，其余论文主要从数字出版人才、编辑出版人才培养等角度有所提及；民商法类15篇，除陈虎（2023）的论文外，其余检索到的论文多与出版类论文重合。

（三）知识产权人才培养研究

为进一步了解法学领域的相关成果，课题组再次输入主题“知识产权”

① 谢琼、陈婉玉：《德国版权产业人才培养模式研究》，《出版广角》2018年第17期，第27—30页。

② 王志刚：《版权贸易人才培养模式分析》，《中州大学学报》2009年第2期，第61—63页。

③ 陈虎：《知识产权复合型人才培养模式探索——以商标法教学改革实践为中心》，《老字号品牌营销》2023年第20期，第184—187页。

④ 刘睿、欧剑：《出版深度融合发展背景下版权人才培养的路径与方法》，《中国编辑》2023年第7期，第76—80页。

⑤ 秦宗财、方影：《美国版权产业人才培养及启示》，《出版发行研究》2016年第6期，第77—80页。

and“人才培养”，截至2023年12月，共检索到212篇论文，其中2017年以来发文量高达99篇，但版权人才培养在现有成果中往往一带而过，少有专门且系统性研究。

从以上文献检索结果可以看出，从出版学科专业共建角度专门研究版权方向人才培养模式的成果还较为稀缺，有必要开展专门且系统的研究。

三、概念使用说明

（一）出版学科专业共建

本书涉及的出版学科专业共建，是指2022年新一轮全国学科目录调整后，中宣部统筹推动的出版学科专业共建工作。2022年，“中宣部、教育部和有关高校、出版界深入研究新形势下出版学科建设的新方向、新路径，确定以共建方式建强出版学科……出版学术研究和人才培养站在了一个全新的起点上”①。2023年底，中宣部、教育部联合印发《关于推进出版学科专业共建工作的实施意见》，统筹出版学科专业建设工作，从总体要求、师资队伍、人才培养、学术研究、组织保障等五大方面，提出15项促进措施，加快构建中国特色出版学科自主知识体系，提升出版专业人才培养质量，更好助力出版强国、文化强国建设。

（二）人才培养模式

1998年教育部下发的《关于深化教学改革，培养适应21世纪需要的高质量人才的意见》指出：“人才培养模式是学校为学生构建的知识、能力、素质结构，以及实现这种结构的方式，它从根本上规定了人才特征并集中地体现了教育思想和教育观念。”② 具体到教育实践中，人才培养模式主要体现在专业人才培养方案中，涉及培养目标和规格、落实这一目标的课程体系、教学内容和教学方式，以及相应的管理和评估制度等，是实施人才培养过程的

① 张建春：《锚定目标 汇聚合力 共创中国特色出版学科新局面》，《中国出版》2022年第23期，第3—5页。

② 《关于印发〈关于深化教学改革，培养适应21世纪需要的高质量人才的意见〉等文件的通知》，中华人民共和国教育部政府门户网站，1998-04-10。

总和。

基于上述两个概念的界定，本研究构建的版权方向人才培养模式，主要是在深入调研出版业版权人才需求和现有版权人才培养现状的基础上，从已有出版专业人才培养方案入手，深入分析探讨其培养目标和规格、课程体系、教学内容、教学方式，找出问题和症结所在，从而构建适合出版专业培养的版权方向人才培养模式，以期满足出版业发展新需求。

四、研究问题、内容框架、研究途径和方法

（一）研究问题及内容框架

1. 研究问题

改革开放以来，我国版权工作伴随着出版业的高速发展，用四十余年的时间走过了西方发达国家三百余年的发展历程，来到一个非常态发展的历史节点，已上升到国家间综合国力竞争的高度；版权实践是文化性与商业性兼顾的复杂行为，贯穿整个出版过程，关联版权创造、运用、保护、管理和服务诸多环节，涉及多方主体。版权人才培养需要适应社会发展和出版生态变迁，历时性问题（版权人才短缺、培养的人才缺乏职业胜任力等问题）与共时性问题（复合型人才稀缺且需求迫切等问题）通盘考虑，统筹解决。从思维与观念、视野与格局着眼，以人才培养方案为抓手，构建学生的版权思维与知识图谱，探索出版高等教育中的版权方向人才培养模式，加快人才培养节奏、提升人才培养质量。

2. 内容框架

本研究分为上下编。上编按照“提出问题—理论分析问题—实证研究问题—国际经验比较—提出优化思路—机制改革创新解决问题”的流程，进行研究设计，主要内容分为三大板块：首先，通过网络调研、实地访谈等方式，探明我国版权人才需求现状、现有人才培养途径、存在的主要问题及其制约因素；其次，结合国内外先进教育理念和出版人才培养经验，分析出适应我国出版产业发展需求的版权人才的培养规格及标准；最后，在学科共建背景

下，重点从培养层次、培养方案、培养路径、保障机制和评价体系等角度，构建合理且实用的版权人才培养模式。下编重点关注教学方式中的案例教学，在研究清楚案例教学及其本质的基础上，根据《全国专业学位研究生核心课程指南》中教学大纲知识要点，聚焦我国出版业“数转智改”期间的版权开发与保护问题，结合教学实践和学生作业，以案例形式研究教学案例的开发。

构建版权人才培养模式是本研究的目标和落脚点，具体从以下四方面展开：

（1）探索本硕博分层次贯通培养机制，打通专业学位人才培养通道。借助《研究生教育学科专业目录》（2022年版）中出版学科可授予专业博士学位的契机，高起点谋划部署版权人才培养方式，在原有本科、专硕培养目标（应用型、创新型、复合型出版专门人才）基础上，继续探索复合型、引领型、专家型版权人才培养模式，提升人才培养层次和培养质量。

（2）以专业人才培养方案为抓手，探索提升版权方向人才培养质量的进路。①明确专业定位、培养方向与培养目标。在解决谁来做出版、为谁做出版这样根本性问题的前提下，加强对学生的价值引领与专业品质塑造。②优化课程知识体系和教学内容，提升学生认知能力与专业素养。不能就版权讲版权，要从出版思维、法律思维、人工智能技术思维结合处，设计通识教育课程、专业基础课程和版权专门课程。③强化实践教学，促进学生知识、素质、能力协调发展。通过开设新课和升级改造现有课程，进行理论、实务、方法论教学融通性升级改造，促进学生发展。

（3）探索政产学研用协同创新机制，保障版权人才培养质量提升。①探索政产学研合作共建机制，推进版权学专业知识体系建设。推进版权学科专业史论融合、理论与实践相结合的理论体系和方法论体系建设，为课程研发、教材讲义编写、案例库建设提供知识体系参考。②探索政产学研用优势互补、特色化培养路径。凝练、沉淀政产学研实践中的新经验、新知识，有效纳入课程体系，增强学生职业胜任力和就业竞争力。③探索微观运行机制，保障政产学研用协同创新有效落实。

（4）构建版权方向人才培养评价体系，科学评价教育教学效果。按照目标—期望成就、认知—学习进阶、观察—任务情境、诠释—评价量规的步骤流程，系统化设计构建评价体系，保障评价既见制度规范，又见学生学习成长规律。

（二）研究途径和方法

1. 研究途径

产教深度融合。2022年7月以来，中宣部指导下的学科共建工作，为出版人才培养创造了良好的政策环境，关键在于产学研用在人才培养方案制定、课程体系设计、实践实训基地建设等方面如何落实。高校无疑是人才培养的主体，笔者所服务的河北大学出版学科专业，本（国家一流本科专业建设点）、硕（具备专业型、学术型人才招生培养资格；是首批出版专业硕士授权点之一，已有14届招生培养经验）、博（学术型）人才培养机制相对完整，积累了较为丰富的人才培养教研经验和产教融合经验。2023年出版专硕招生单设版权与版权文化方向，与中国版权保护中心联合培养行业急需的版权方向人才，本书即是在笔者承担的中国版权保护中心2023年度重大课题“出版学科共建视域下版权人才培养模式研究”（BQ202305）基础上增补下编“案例教学研究”而成。业界是人才培养与培养质量检验的主体，课题当时还吸纳了业界成员、调研企业和来校讲座专家的版权实战经验和产学产教合作经验，共同探究合理且实用的版权人才培养模式。

2. 研究方法

理论与实践相结合。在综合检视理论、政策与实践之间关系的基础上，重点使用行动研究法、案例研究法，同时辅以深描、半结构化访谈等方法。

行动研究法。行动研究法本质上是一种体验式学习研究过程，是一种由实际工作者在现实情境中自主进行的反思性探索，强调研究与活动的一体化，使实际工作者从工作过程中学习、思考、尝试和解决问题，并通过自主反思意识的确立，采用多种方法解决自身实践中遇到的困难和问题；其研究过程包括确定问题、分析问题、拟订方案、实践尝试、反馈评价、归纳总结，是一种通用的教学实践形态和教育形态研究。① 本书将实践教育行动与版权人才培养模式研究相结合，根据版权人才培养情境与特点，把产教产学的多种智慧与能力融为一体，洞察出版业发展趋势，调研分析版权人才需求，解决版权人才培养中存在的实际问题，规划、规范政产学研用合作育人机制，促进教育链、人才链与产业链的有机衔接。由于行动研究法缺乏足够次数的实践与观察，有时得出的结论并不能完全令人信服，研究中我们进一步引入深描法和半结构化访谈法，对隐含在小样本日常经验中的共同意义进行深层因果关系的理解、发掘和描述，提炼其中的共性因素，为版权人才培养提供实践样本与研究案例，助力版权教育高质量发展。

案例研究法。案例研究法是一种将研究案例置于现实世界情境中的实证性研究方法。我们在案例数据收集过程中，通过半结构化深度访谈等多种方式获取研究数据，发现研究案例在真实情境中面临的人才培养与人才需求实际问题，形成系列证据链，保证研究的效度；在案例数据分析过程中，使用理论假设和排除竞争性解释的分析策略，以及跨案例聚类分析、逻辑模型等分析技术，确保研究的信度。

五、创新点

（一）理念创新

以生为本，顶层设计。遵循人才成长规律，在专才教育模式与专业培养模式结合处，探索适应社会发展需求的版权人才培养模式。突出人才培养的国际视野、信息素养、专业素质和知识学习调用能力，制定科学可行的人才培养方案，包括培养目标及与之相配套的课程体系等，并使之成为一个和谐统一的整体，从而实现高校人才培养与社会发展需求之间的良性互动。

（二）机制创新

政产学研用协同创新，构建合理且实用的人才培养模式。在确立教师主

---

① 刘燕飞、韩立新、杨金花：《编辑出版专业校外实践基地建设新需求、瓶颈与调适》，《出版发行研究》2020 年第 12 期，第 62—68 页。

导地位、赋予学生教学改革话语权的前提下，整合优化校内外教育资源，在理论与实践接壤处，坚持以社会需求为导向，探索为实现理想培养目标而形成的版权人才培养通用样式及其运行机制，丰富新文科建设、高质量人才培养的理论样貌。

（三）教学实践创新

将以生为本落在实处，通过开发教学案例增强学生发现问题和解决问题的能力。教师在研究清楚教学案例本质的基础上，从引入现成案例、自己开发教学案例到指导学生开发教学案例，培养学生的认知能力和调用知识能力。

党的二十届三中全会提出，“教育、科技、人才是中国式现代化的基础性、战略性支撑”。出版业发展与科技进步密切相关，在传播科技创新成果、培养创新人才等方面发挥着不可替代的作用。从现代版权制度的产生来看，版权是从出版催生出来的，版权与出版同属一脉。① 现代出版业属于版权核心产业，版权已成为出版业高质量发展的内生动力和底层逻辑，需要规模宏大的熟悉出版业务的版权人才。出版创新靠人才，人才培养靠教育，期待更多同好以各种方式加入到这一有意义的工作中来，一同探索提高我国版权人才自主培养水平与质量的道路。

① 参见赵香《新形势下中国版权人才培养研究》，《中国版权》2023年第4期，第20—26页。

上 编

出版专业版权人才培养模式研究

第一章　出版业版权人才需求与高校版权人才培养概况

数转智改期间，传统出版和新业态出版走向融合发展的道路，需要大量高质量复合型和创新型版权人才。出版融合发展模式下，一方面，出版物的主体、载体和传播渠道多样化导致版权归属复杂化，出现大量侵权现象且维权困难，网络出版和数字版权资产管理机制不完善等也加剧了版权工作的困难。《“十四五”国家知识产权保护和运用规划》指出，“知识产权侵权易发多发和侵权易、维权难的现象仍然存在”。2022 年全国地方人民法院新收侵犯著作权案件 256 009 件①，亟须大量专业人才充实到行业相应岗位。另一方面，大量版权内容的创造和版权产品的消费，形成版权产业链，为社会创造了巨大的经济价值，也亟须高校培养大量高水平版权人才充实到出版行业的相关环节和岗位，整体提升版权创造、运用、保护、管理和服务水平。

第一节　出版业版权人才需求

通过调研我们发现，出版企业面临的不只是被侵权盗版的问题，更为急迫的问题是，由于缺乏版权开发和运用等方面的知识和技能，出版企业常常处于被动状态，如无意中侵权，版权开发缺乏前瞻性和可预期性，开发深度

① 《中国法院知识产权司法保护状况（2022 年）》，中华人民共和国最高人民法院门户网站，2023-04-20。

不够，版权资源管理战略性、策略性、灵活性不足，等等。

虽然出版机构普遍认为急需版权人才，但对版权人才认知普遍存在两种局限：一是认为版权主要是法律问题，如针对花样翻新的侵权盗版问题进行专业化的维权，认为只有法律教育背景的人才能胜任；二是认为这是内部业务问题，很难通过高校培养。通过半结构化深度访谈，我们进一步了解到，其实出版企业需要的是既懂版权又懂编辑出版的具备多样性认知能力的复合型人才。以编辑为例，不是苛求其要像律师那样出庭打维权官司，而是要充分了解版权创造、运用、保护、管理的相关知识，如果在大社工作，需要编辑能够顺畅地与法务人员合作解决版权开发、运用中的新问题；如果在小社工作，需要自己快速判断解决版权开发、运用中遇到问题的性质与症结，提供初步解决方案，供社领导判断决策。

结合上述调研活动，我们分析出在出版融合发展态势下，出版企业的版权人才主要涉及法务人员和一线业务人员。

一、法务人员及其专业背景要求

出版企业的法务人员除了要保证公司资产符合全部适用的法律法规和政策规定，出现法律纠纷时提供法律选择与裁定办法外，还要具体负责审核合同、投资等，并且与业务部门合作，保障相应合同中包含了所有涉及的法律要素，提前预防和规避法律风险，降低侵权和被侵权风险，提升防护能力的同时，充分利用法律空间合法经营，提升经营管理效率和效益。如与图书编辑部门合作中涉及的内容和法律要素包括：作者授予的图书出版权是否专有以及该权利所涉及的文种、期限、出版与发行地域；关于作者独创性的明确声明，保护出版社（公司）的免责声明；书稿的提交方式、接收程序；作者审读校样的责任；出版者向作者支付报酬的方式、标准和时间节点；图书重印、再版的条件与报酬；作者样书的赠送办法与作者购书的优惠条件；合适的书名，以及出版社（公司）是否有权（按照合同）提供书名以及腰封内容等；出版社（公司）编辑书稿、推广作品和营销图书产品的责任；与出版社

（公司）破产相关的问题，如将图书归类于绝版图书、版权是否由出版社（公司）转回作者；出版权可否转授及转授后所获利益的分配；作者是否同时授予信息网络传播权、翻译权、改编权等其他权利；对作者其他作品的优先出版权；对发生纠纷时所用的解决方式的约定，并说明对仲裁机构的约定；双方认为需要约定的其他内容；对于多人合作创作的稿件，出版合同中应该明确说明作者的署名顺序。此外，法务人员的职责还包括与出版社（公司）外部顾问共同工作（特别是问题已经超出社内常规业务范围时），审查书稿内容，确保其中不含有诽谤毁誉、违禁等文字内容。如果出版社（公司）拥有海外业务，还要审核相关规定和政策是否与相关国家、地区的法律法规相符合。人才正常成长情况下，确实是法律教育背景的毕业生更适合此类岗位。

二、一线业务人员及其专业背景要求

一线业务岗位包含的版权工作主要涉及营销发行和编辑（产品经理）岗位。

与营销发行有关的版权工作内容主要是发现本单位内容产品被大规模盗版时，营销发行人员需要与单位法务、外包的法律服务公司进行具体业务对接，例如联系提供证据材料、权属证明材料等，这种事务性的工作，经过培训和一定的实践，本科生即能胜任。

与编辑（产品经理）相关的版权工作内容主要涉及两大板块：一是因为缺乏实践经验需要多加防范的工作事项，例如美术编辑和新媒体营销编辑很容易触发字体、图片、音视频素材等版权侵权问题，这样的问题与专业背景和学历关联度不高，通过相应培训和加强管理即可处理；二是版权开发、运用和管理，主要通过选题策划、组稿、编辑加工、渠道分发、版权资源管理与交易等体现和实现，这样的版权人才是出版企业的重要人力资本，是典型的复合型人才，需要具备多样性认知与知识调用能力。

由上可见，出版业的版权一线业务人员不再是狭义上的实务型版权代理服务人才或版权贸易人才，而是包括了广义上的版权内容创造、版权作品生产、版权产品的市场运营、版权代理服务和版权资产管理人才，因为版权是一线业务人员撬动市场竞争的杠杆和权益保障，主要通过选题策划、组稿、审稿与编辑加工、内容渠道分发、版权管理与交易等体现和实现，因此他们日常不仅要熟练处理制式合同中涉及的具体版权问题，还要从整体市场竞争角度思考与规划。以版权资产管理为例，中国版权保护中心业务介绍中对“版权资产管理”界定的内容，在某种程度上可以说就是出版专业要培养的理想型版权人才应该掌握的业务知识和技能：“版权资产管理，是指针对企业拥有或控制的、能以货币计量的并能为企业带来收益的版权资产，进行组织、协调、配置以求其保值、增值的管理过程。”“完整的版权资产管理体系囊括规划、开发、运用、管理、评估、保护等环节，覆盖企业版权资产全生命周期过程，可以科学引导企业对版权资源进行合理开发与配置，对企业有以下意义：（1）盘活存量版权资产，全面发掘版权价值。（2）降低版权资产的合规成本，减少法律风险。（3）版权资产的跨平台运营和资本化运作的重要前提。（4）推动精确计量单一版权资产价值和资产总量。（5）提高企业软实力，增强企业竞争力。”① 即便是专职版权贸易人员，也要熟悉编辑出版业务，如英国著名版权经理人莱内特·欧文曾提出版权贸易人员应该具备12项素质，其中包括能判断每个出版项目的销售潜力、增加并积累他们要销售的项目的具体信息、增进并保持对外国市场的了解、版权知识、熟悉整个出版流程等，这意味着版权人才要具备多样性认知能力和极高的综合素质。

显然，上述营销发行、第一类编辑工作中涉及的版权工作，其实主要是事务性工作，与专业背景关联度不高，通过相应培训和加强管理，本科生即可处理应对，出版专业培养的毕业生上手更快而已；第二类编辑（产品经理）工作中涉及的版权工作，正是需要出版学科专业培养的人才，因为这是典型的复合型人才，是从版权角度将专业、经营、管理三种能力融会贯通的人才，需要具备多样性认知能力和知识调用能力。

---

① 中国版权保护中心首页-版权服务-版权咨询服务-版权资产管理，https://www.ccopyright.com.cn/mobile/index.php?optionid=1516。

第二节　高校版权人才培养概况

目前高校相关专业培养的毕业生不仅人数少，而且实践中难以满足实际工作要求。

一、法学专业培养的毕业生难以快速融入出版业务岗位

如前所述，我国培养版权人才的学科专业主要涉及法学和出版学，二者都涉及实务型人才培养，都从 20 世纪 80 年代的本科生培养快速发展到今天的研究生培养，都涉及专业知识＋经营管理的交叉学科培养问题，也都遭遇了不能快速适应社会发展需求的问题，两个学科专业的有识之士都在积极探索改变之道与改进之策。例如 2020 年 11 月 28 日，由中国人民大学国家版权贸易基地发起并启动“中国版权英才计划”，构建“高等院校＋龙头企业＋法律实务部门＋政府管理部门＋相关机构”的多方人才培养机制，主要是联合高校法学院、知识产权学院，促进高等院校、法院、科研院所、头部企业等相关各方的融合互动，提升法学专业人才培养质量。

课程体系是落实人才培养的主要途径，以此衡量法学培养的人才很难短期内有大的改观，特别是满足出版业需求的改观。因为目前法学专业课程开设受法学一级学科和职业资格考试制约，法学类下的知识产权专业主干课程主要包括专利法、商标法、著作权法、商业秘密法、竞争法、计算机软件法律保护、专利文献检索与利用等，再根据师资力量进行微调，如增加知识产权评估、互联网知识产权、跨境电子商务类课程等，培养的人才就业方向主要涉及法律法务、知识产权代理、企业知识产权管理等，只有极少部分进入出版业，而且不能充分满足出版业的人才能力需求，尤其是初入职场的毕业生，因为缺乏编辑出版以及其他学科专业背景知识，难以快速融入出版业务岗位，发挥专业优势。而且从配合《研究生教育学科专业目录（2022 年）》

实施的知识产权专业学位类别内涵简介里可以看出，其人才培养的知识体系主要是“知识产权与法学、管理学、经济学、理学、工学等学科门类交叉”。知识产权专业要解决自身发展困境的重点和手段仍是专利法、商标法与理工科的融合：“知识产权作为一门交叉复合型学科，知识内容涵盖法学、管理学、经济学、自然科学等诸多领域，这内在地要求知识产权高端人才的培养不能局限于法学，而应实现跨学科融合；多元化人才是高端知识产权人才培养的行业期许”，“未来趋势是建立工学、情报学、法学等各专业综合型的知识产权学院”①，人才培养方向和重点仍不在优先满足出版业需求方面。

二、出版专业培养的毕业生难以满足版权实践需求

中华人民共和国成立以来，我国出版教育发展虽然曲折，但整体建成了专科、本科、硕士研究生、博士研究生的教育体系。1949 年设立的上海印刷学校（即上海出版印刷高等专科学校的前身），开启了新的专科层次出版人才培养模式；改革开放以来，从 1978 年设立北京印刷学院，到 1983 年设置图书发行学本科专业、1984 年设置编辑学本科专业，再到 1998 年教育部颁布的《普通高等学校本科专业目录》将这两个专业整合为编辑出版学专业，基本完成并相对稳定了本科层次的人才培养体系；2010 年国务院学位委员会批准设立出版专业硕士学位，2022 年又批准设立出版专业博士学位，标志着出版人才培养和学位授予进入高层次和全层次的历史新阶段，形成了本、硕、博贯通的人才培养体系。在为出版业持续输入专门人才、助力我国出版事业发展繁荣的同时，出版教育和出版人才培养依然存在诸多短板，尤其是数智时代的到来，出版业受到数智技术的强力冲击，出版教育和人才培养模式亟待更新与完善。

出版生态变迁导致人才需求标准不断提升，现有出版专业培养的毕业生难以满足版权实践需求。进入 21 世纪以来，在全球化、数字化浪潮推动下，

① 谷睿智：《高校图书馆知识产权服务体系建设》，《江苏科技信息》2023 年第 13 期，第 19—22、45 页。

出版业务模式和组织模式都快速经历了再造和重组，传统大众出版、教育出版和专业出版的相关知识发生了深刻变化。以高等教育出版为例，教材作为育人育才的重要依托，事关国家事权，需要出版机构在适应高等教育数字化转型需求的同时，与高等教育生态系统保持动态平衡，与高校一起从学科、专业、课程等不同层面协同创新，构建文理学科交叉融合、思政与专业深度融合的立体化教学资源体系，这就需要出版机构整体进行数字业务转型升级与组织结构调整，才能从学科专业内容领域、基本业务与业务组合、市场营销与运营支撑体系、核心竞争力培养等方面进行全方位规划，才能通过技术将自身积累的版权资源和专门知识技能转化为高水平的服务能力，从版权资源整合与开发到具体产品内容选择、加工制作到分发交付等环节全面实现真正的数字化，这自然会导致其对人才需求标准的不断提升。① 随着 2023 年人工智能技术进入 AGI（通用人工智能）时代，多模态大模型被引入新兴出版领域，对出版人才的要求标准又一次被无形中拔高。在这样的背景下，版权人才需要具备多样性认知能力和知识调用能力，是典型的复合型人才，这已经不只是企业培养这样的人才周期长成本高、流动率流失率较高的问题了，而是企业本身也急需这样的人才。因此，出版学科专业培养版权方向人才就被提上日程，这类版权人才需要在熟知出版领域知识的基础上，掌握版权本质和版权产业全链条服务工作内容，具备更加多样性的为出版业和版权产业服务的能力。显然，以现有出版专业课程知识体系及其内容深度衡量，当下出版专业培养的专门人才职业胜任力还存在不足，具体表现就是出版机构招聘时，出版专业培养的毕业生多被限制在专业报名条件外。

① 杨金花：《学科共建视域下出版专门人才培养模式探析》，《出版广角》2023 年第 4 期，第 22—26、34 页。

第二章　出版专业版权方向人才培养瓶颈与破解之道

高校人才培养是系统性工程，出版专业版权方向人才培养离不开出版人才培养模式的支撑，因此需要我们在充分了解现有国内外出版人才培养模式基础上，找到问题症结及关键所在，再进行创新探索。

第一节　出版专业版权方向人才培养瓶颈分析

如上所论，由于出版专业很少专门设置版权培养方向，因此我们首先通过调研国内外高校出版人才培养模式及课程设置，然后重点梳理其中的版权类课程，从而进一步分析其版权方向人才培养瓶颈及根源。

一、国内出版与版权人才培养模式分析

国内出版专业人才培养主要依据教育部和国务院学位委员会颁布的《普通高等学校本科专业目录及专业介绍》《学位授权点申请基本条件》《学位授予和人才培养一级学科简介》《一级学科博士、硕士学位基本要求》等进行设定。如编辑出版学本科专业（2020 版）介绍为：

050305　编辑出版学

培养目标：本专业立足编辑出版学科内在规律，着眼编辑出版事业

发展实践，从社会文化生产、文化传承、文化积累的需要出发，培养具备系统的编辑出版理论素养与实践技能，富有创新精神，能胜任书刊编辑、出版、数字出版等领域的业务和管理工作的复合型编辑出版人才。

培养要求：本专业学生主要学习编辑出版理论和编辑出版实务的基本知识，接受编辑出版研究和数字出版技能以及表达能力的基本训练，具有理论分析、市场调查研究等多方面的基本能力。

毕业生应获得以下几方面的知识和能力：

1. 掌握编辑出版学的基本理论和基本知识，熟悉编辑出版的方针、政策和法规，了解中外编辑出版事业史和编辑出版思想史，对相关的社会科学、人文科学与自然科学有一定程度的了解；

2. 熟练掌握编辑选题策划、出版物制作与生产、电子出版技术等业务技能，能够承担编辑出版业务流程中的具体分工或整体协调任务，拥有较强的业务创新能力；

3. 熟练掌握以出版物经营为中心的市场营销知识及相关的经济学知识，以出版管理为中心的资源组织及行政管理知识；

4. 具备综合性的编辑出版信息资源开发、加工以及创造性思维、创新实验和科学研究能力；

5. 具备计算机应用和网络应用能力，熟悉文献检索、资料查询的基本方法，具有较强的获取信息和知识的能力以及初步的编辑出版研究能力。

主干学科：新闻传播学。

核心课程：编辑学原理、出版学基础、中国编辑出版史、出版法律基础、数字版权、世界出版产业、出版选题策划、出版物市场营销与管理、数字出版、期刊设计与出版、网络编辑。

主要实践性教学环节：社会调查和在出版社、杂志社等单位实习，一般安排不少于20周。主要专业实验：书刊设计制作、数字出版设计制作、多媒体书刊制作。

修业年限：四年。

授予学位：文学学士。

开设编辑出版学本科的高校主要在这一文件指导下开展人才培养。相应地，出版专业型硕士以及在其他一级学科开办的学术型硕士和学术型博士也根据相关文件要求开展高层次人才培养。

本研究重点采集了国内65所设置出版类本科、专业硕士和学术型博士授权点高校的人才培养方案，基本情况如下：

（一）培养目标与培养规格

事实上，国内目前主要在新闻传播学、管理学、文学、教育学等学科专业下培养出版人才，涉及新闻传播学院、电视学院、信息管理学院、文学院、出版印刷与艺术设计学院、教育学院等教学单位。

培养目标。培养目标一般围绕专业简介中的目标，结合本校特色进行设定。如南京大学编辑出版学本科专业人才培养方案中，专业简介为："编辑出版学专业培养理论基础扎实、知识面宽、实践能力强，从事书刊、音像制品、数字产品的编辑与制作、发行与营销、管理等工作，具备系统的编辑出版学理论知识与技能、宽广的文化与科学知识，能在书刊出版、多媒体宣传、文化教育等部门从事编辑与制作、发行与营销、管理等实务工作以及教学与科研工作的编辑出版学专门人才。"培养目标为："在南京大学三元四维培养方案指导下，结合出版专业人才培养的具体内涵，发挥南京大学图书情报与档案管理及编辑出版学专业的学科、人才和平台优势，培养德、智、体、美、劳全面发展，掌握人文社科和自然科学基础知识，具备良好外语运用能力，具有扎实的编辑出版的理论与实践技能，在研究创新能力、分析及应用创新能力和交叉领域融合与应用创新能力等方面具有特色的精英型人才。"再如武汉大学编辑出版学本科所在的信息管理学类培养目标为："培养德、智、体、美、劳全面发展，具有历史使命感与社会责任心、富有创新精神和国际视野的信息管理类拔尖创新人才。培养具备坚实的现代信息管理学理论基础，扎实的信息技术与方法，具有适应当前社会需要和未来发展的综合素质与实践能力，面向宽广的信息领域，能在国民经济与社会各行业、各级管理部门从事图书情报与档案管理、信息管理与信息系统、编辑出版与数字出版、电子商务、数据管理与数据应用方面的研究型、复合型、引领型高级人才。”再如河北大学编辑出版学的培养目标为：“本专业旨在培养具有创意与策划、编辑加工、数字出版、发行、管理、版权贸易等方面的基本理论、基础知识和基本技能，能够在出版企业、网络媒体、文化传播公司等部门、单位，从事采编、策划、创意、营销、版权贸易方面工作的编辑出版学科高素质应用型、创新型、复合型人才。”

出版专业硕士的培养目标与本科培养目标大同小异，基本是本科培养目标的升级版，不同之处在于设置了具体研究培养方向，如河北大学出版专硕2021版培养方案包括出版经营与管理、编辑出版业务、数字出版三个方向，2023版增设了版权与版权文化方向。

学术型博士一般在管理学、新闻传播学、现当代文学下培养，培养目标普遍为“某一专业领域或研究方向具有独立从事学术研究和教学的高层次人才”。

培养规格。本硕博贯通培养。据南京大学张志强教授统计，目前国内开设编辑出版专业的本科院校有55所，数字出版专业的本科院校有23所；33所高校具有出版专业硕士授予权；16所高校开设了出版学博士研究生教育或方向。[①] 本科一般学制四年，多授予文学学位；硕士一般二至三年，授予文学或管理学学位；博士一般三至四年，授予文学或管理学学位。

（二）课程体系

遵循通识教育与学科专业教育并重的原则。按照教育部规定，本科需修够140—165学分，课程类型一般包括通识教育课程（通识通修课、通识通选课）、学科基础课程（学科核心课、学科拓展课）、专业发展课程（专业核心课、专业拓展课），目的是拓展学生知识面、开阔学生视野，以适应未来社会发展和行业需求，整体架构设置合理，本科和专硕都规定了核心课程和实践

① 数据来源：张志强教授在中国特色出版学科专业中青年教师培训班上的讲座《中外出版教育比较及启示》。

教学环节。本科通识教育课分为思想政治理论、大学体育、军事、大学英语、大学计算机基础、大学数学、大学语文、就业创业、艺术教育、心理健康教育、劳动教育网络课程，通识通选课包括人文科学与艺术、社会与行为科学、自然科学与技术、生命科学与医学、职业与就业创业等类别；学科基础课主要根据所在学校学院办学条件，结合专业特色进行设置，包括专业前导类课程，如新闻传播学、社会学、心理学、政治学、经济管理学、文学、法学类基础课程；专业发展课程按照编辑出版史、编辑出版理论、编辑出版实务、研究方法论进行设置。

《出版硕士专业学位研究生指导性培养方案（试行）》（2017 年修订）规定，专业硕士最低修读学分为 39 分，其中学位课 23 学分，非学位课 12 学分，实习实践活动不少于 4 学分。学位课程分为公共必修课和公共选修课，非学位课分为公共通识课和专业选修课，规定了出版学概论、出版物编辑与制作、出版物营销、数字出版及技术、出版企业经营与管理、出版法规等 6 门必修课，以及 21 门选修课。33 所拥有出版硕士专业学位授予权的高校涉及版权相关的课程不多，主要包括出版法律法规、版权与版权贸易等内容，名称略有出入，诸如出版法规、版权与版权贸易、出版与法律、国际版权贸易、出版政策与法规研究、知识产权、版权研究、出版法治研究等。部分高校把出版法规列入必修课，版权与版权贸易列入选修课，如暨南大学出版专硕开设出版法规、国际版权贸易和知识产权课程，其中第一门课程为专业学位课，后两门课程为非学位课；复旦大学开设出版法规、版权与版权贸易课程，第一门课程为学位专业课程，第二门为专业选修课。与版权相关的课程开设时间集中在第一、二学期，如广东财经大学在第一学期开设，复旦大学在第二学期开设，暨南大学在第一、二学期均有开设。

（三）培养方式

校企合作，注重实践教学。为提升学位点专业教学水平，培养适应现代出版业发展需要的高层次、复合型、应用型出版专门人才，国内高校积极寻求与企业开展合作。如南京师范大学出版专业硕士学位授权点注重培养学生的实际应用能力和实践创新能力，南京师范大学出版社一直是该专业学位点稳定的实习平台，该专业学位点还先后与江苏人民出版社、江苏凤凰科技出版社、江苏凤凰文艺出版社、江苏凤凰报刊公司等省内著名出版单位共建了一批实践基地及研究生工作站，数十位来自出版单位的经验丰富的专家被聘为行业导师。华南师范大学进一步建立健全出版专业硕士研究生奖助体系，划拨专项资金，为学生提供到境内知名高校研学、参加学术会议和到教学基地现场研学的机会，并致力搭建人才交流平台，与校外知名企业、机构合作，为出版硕士研究生提供实习计划和实践平台，如广东人民出版社实习基地、广东教育出版社实习基地、中山大学出版社实习基地、暨南大学出版社实习基地等，有助于出版专业硕士生的实践能力培养和职业发展，同时也为企业输送有潜力的人才资源。暨南大学与广东人民出版社、花城出版社、广东科技出版社、暨南大学出版社等签约共建实践基地，2020 年与广东人民出版社共同申报并获批省级硕士生联合培养基地示范点。

双导师制，校外导师参与多个环节的指导工作。按照教育部和国务院学位委员会要求，出版专业硕士培养实行校内外双导师制，以校内导师指导为主，校外导师参与实践过程、项目研究、课程与论文等多个环节的指导工作，鼓励吸收不同学科领域的专家、学者和实践领域有丰富经验的专业人员，共同承担专业学位研究生的培养工作。如南京师范大学出版专硕培养执行校内导师与校外导师共同指导的“双导师制”，并实施导师组集体指导制度。校内导师是培养研究生的第一责任人，负责在课程学习、项目研究、专业实践、论文写作以及科学道德与学风教育等环节对研究生进行全程指导；校外导师的主要职责是指导研究生提高专业实践能力，培养研究生形成良好的职业道德，指导学生体验并形成初步的职业能力，开设行业讲座，对学位论文选题、开题、写作等过程进行指导；导师组协助“双导师”做好研究生培养计划制订与实施，指导和检查研究生的课程学习、实践活动和学位论文等工作；学位论文的选题应与出版行业实践相结合，在第二学期初由校内外导师与学生在充分研讨基础上确定。再如暨南大学也采取导师指导与集体培养、学校导师和行业导师相结合的培养方式，培养计划须于学生进校后2个月内制订好，并导入研究生教育综合管理系统中，经导师确认后，再报学院批准备案。

（四）实践教学

按照国家规定，本科实验实践环节学分占毕业总学分比例≥20%，专业硕士实习实践要求不少于6个月。出版专硕对实习实践基地数量和使用率也有基本要求，并规定应在实践结束后撰写专业实践报告，考核合格后才能获得相应学分。出版专硕主要采用集中实践和分段实践相结合的方式，到出版行业（企业）开展实践活动。如上海理工大学出版专硕在学期间必须保证不少于半年的科研训练和专业实践，应届毕业生的科研训练和专业实践不少于1年。南京师范大学采用校内实训与校外实践相结合的方式培养学生的实践能力，并按学习时间进行分段实践和集中实践，分段实践在第一学年课程学习的适当时机进行，形式为校内课例分析、技能训练等，校外则采取教学观摩等见习方式；集中实践于第三、第四学期在实践基地进行，总时间不少于半学年，鼓励参加以创业为导向的创新实践并发表与学业相关的论文。

二、国外出版与版权人才培养模式分析

张志强教授团队在出版教育研究方面成果丰硕，2020年以来，发表了系列研究国外出版高等教育的成果，如《中国特色出版教育与国际借鉴》（2022）、《中外学科目录中出版学的设置与比较研究》（2020）、《俄罗斯出版专业高等教育的现状及启示》（2020）、《国外出版专业博士研究生教育现状及启示》（2020）、《国外出版专业硕士研究生教育的现状及启示》（2020）、《国外出版专业本科教育的现状及启示》（2020），为本书研究提供了良好的基础，我们以此为线索，进一步从人才培养模式角度进行调研和探究。

（一）培养目标与培养规格

国外目前主要在“媒体、新闻和传播”“大众传媒和图书情报事业”“传播、新闻及相关专业”等学科专业下培养出版人才，涉及高校、远程教育机构等人才培养机构。

据南京大学张志强教授统计①，目前国外有13个国家的76所大学在本科阶段开设了出版专业。其中俄罗斯的高校最多，有26所，专业名称均是“出版事业”（Издательское дело），代表性的学校有莫斯科理工大学、圣彼得堡理工大学等。美国高校次之，有17所，代表性的学校和专业如爱默森学院的“写作、文学与出版”（Writing，Literature & Publishing）、米尔斯学院的“图书艺术”（Book Art）、贝尔蒙特大学的“出版”（Publishing）等。英国高校第三，有10所，代表性的学校和专业如牛津布鲁克斯大学的“媒体、新闻与出版”（Media，Journalism and Publishing）、中央兰开夏大学的“出版”（Publishing）等。德国位居第四，有7所高校开设了本科专业，代表性的学校和专业如美因茨大学的“书籍研究”（Book Studies）、慕尼黑大学的“图书学”（Buchwissenschaft）。加拿大和澳大利亚并列第五，各有4所高校。此外，白俄罗斯、乌克兰、立陶宛、法国、意大利等国家也都开设有出版本科专业。

在硕士研究生教育方面，国外有26个国家的124所大学设立了出版专业硕士研究生教育点。其中，美国有28所，包括爱默森学院、纽约大学、佩斯大学等；英国有19所，包括牛津布鲁克斯大学、伦敦大学学院、爱丁堡大学等；法国有14所，包括巴黎第十大学、巴黎索邦大学等；俄罗斯有13所，包括圣彼得堡理工大学、莫斯科理工大学等。此外，澳大利亚有9所，德国、加拿大、韩国各有6所，荷兰有3所，南非、葡萄牙和意大利各有2所，立陶宛、克罗地亚、波兰、斯洛文尼亚、西班牙、爱尔兰、乌克兰、捷克、瑞典、保加利亚、马来西亚、印度、肯尼亚、哈萨克斯坦等各有1所。

在出版专业的博士研究生教育方面，国外有12个国家的50所高校设立了出版专业的博士研究生教育，或者明确是出版方向的博士研究生教育。英国最多，有15所高校，包括牛津布鲁克斯大学、斯特灵大学等。美国有9所

① 张志强：《中国特色出版教育与国际借鉴》，《中国出版》2022年第17期，第13—16页。2023年11月6日—12日全国出版学科专业共建工作专家组和全国出版专业学位研究生教育指导委员会秘书处在厦门联合举办“中国特色出版学科专业中青年教师培训班”，张志强教授做《中外出版教育比较及启示》的讲座。

高校，包括波士顿大学、威斯康星大学麦迪逊分校等。俄罗斯有 9 所高校，包括莫斯科理工大学、莫斯科国立文化学院等。荷兰有 6 所高校，包括莱顿大学、阿姆斯特丹大学等。德国有 3 所高校，包括慕尼黑大学、美因茨大学等。法国有 2 所高校，分别是巴黎第十三大学、索邦大学。瑞典、加拿大、南非、肯尼亚、立陶宛、捷克各有 1 所高校。

在张志强教授团队研究基础上，课题组重新采集统计了国外出版与版权人才培养信息与数据，重点采集了美国（39 所）、英国（29 所）、德国（16 所）、俄罗斯（33 所）、澳大利亚（9 所）、日本（1 所）等国 127 所高校出版与版权类课程开设情况。

培养目标。国外高校出版专业着力培养复合型人才，课程设置注重学生的理论知识、技术技能和管理能力等综合能力的培养。在学科理论的培养方面，除了出版专业和版权相关课程的理论学习，还注重跨学科专业知识学习。学生的专业技能培养方面，除了为学生提供知识和学习框架的教学外，还为学生设置研讨课、实践工作坊、实地考察、参与线上线下的出版印刷实践等，使学生可以将理论和实践更加紧密地结合在一起。国外还比较重视培养学生的出版商业化管理能力，高校为学生提供了包括撰写商业报告、参与项目研究、参与案例分析及角色演示等多种学习方式，让学生在出版社的实战经营中了解出版社盈利模式与商业模式的设计与落地。如俄罗斯高校“出版事业”专业旨在培养纸质和数字出版物制作与发行领域的人才，毕业生应当掌握与出版相关的软硬件技术、经济、市场营销与管理等方面的知识，并且具备从事出版领域相关研究活动的能力。日本高校培养复合型出版人才，强调培养学生胜任新闻传播及编辑出版工作的复合型能力，以企业需求为基础，通过项目制的方式培养学生的内容编辑实务能力、团队合作能力、新媒体营销策划能力等，在实践中更新对新媒体出版物内容企划、内容生产、新媒体营销的认识，了解市场需求与市场规则。

培养规格。国外高校出版相关专业实施本、硕、博贯通的人才培养模式。培养方式多元，有全日制、非全日制、全日制＋非全日制等方式，各个国家有所差异。美国出版教育本科全日制 3 年，非全日制 4 年，研究生教育 1—2 年，博士 3—4 年，出版学位以硕士为主，例如佩斯大学数十年专注于硕士研究生培养，其出版学硕士为理学硕士学位。英国全日制本科学习时长为 3 年，非全日制学习时长最多为 6 年，学生完成学业后，将被授予文学（出版）学士学位，硕士一般 1—2 年，博士 3—5 年。澳大利亚出版本科学习年限 2—3 年，如皇家墨尔本理工大学的专业写作和编辑副学士学位学习年限为 2 年，硕士一般 1—2 年。德国图书学专业的教育方式主要为全日制，本科全日制一般为 4 年制，120ECTS 学分；硕士全日制为 2 年，120ECTS 学分；博士全日制为 3 年，以博士学习为目的的注册最长期限为 4 年。俄罗斯是开设出版事业专业较多的国家之一，本科教育全日制为 4 年，非全日制为 5 年，本科教育标准要求不少于 240 个学分。其中理论课程不少于 159 个学分，实践课程不少于 21 个学分；硕士全日制为 2 年，函授为 2.5 年，硕士教育标准要求不少于 120 个学分，理论课程不低于 60 个学分，实践课程不低于 30 个学分；博士全日制为 3 年。日本高校没有专门的出版专业，也没有形成完整的学科体系，对出版人才的培养主要是在新闻学、情报学、传播学等专业下的出版方向中，本科教育一般为全日制 4 年，硕士教育一般为全日制 2 年，博士教育为全日制 3 年。日本高校对版权人才的培养集中在法学研究科知识产权法项目课程硕士中，该硕士为全日制法学硕士，学习时长 1 年。

（二）课程体系

借鉴王晓光等《北美出版高等教育课程体系调查研究》①、张志强《国外出版专业本科教育的现状及启示》② 中的课程内容分类，并结合课题组最新统计数据，我们将专业课程分成基础理论与方法论类、政策法规与版权类、产品设计与编排类、行业与产业类、经济与管理类、出版与媒体技术类、能力培养类、人文素养类以及项目与实习类等 9 种类别。

---

① 王晓光、凌宇翔、刘晶：《北美出版高等教育课程体系调查研究》，《出版发行研究》2017 年第 4 期，第 91—95 页。

② 张志强、乔晓鹏、代曼伦：《国外出版专业本科教育的现状及启示》，《出版发行研究》2020 年第 5 期，第 14—23 页。

表 1　专业课程分类

课程分类	类别描述	课程名称（列举）
基础理论与方法论类	出版基础理论、发展历史、研究方法等课程	编辑基础、现代出版业、出版物发行理论与实践、出版学编辑、编辑理论与实践、出版行业历史、杂志新闻与出版概论、出版原理、研究方法与技能
政策法规与版权类	出版相关的法律法规、版权、国家政策等课程	书籍与法律，版权与版权法，版权、出版法律框架，应用纪律，知识产权，出版和版权的法律基础，图书学者的版权，出版和媒体法，图书版权贸易和管理，经济与法律基础，数字出版法律知识，并购、版权与产品
产品设计与编排类	产品设计、编辑、排版类课程	编辑基础、编辑实务与管理、出版设计、图书制作与设计、出版物设计与排版、平面设计、杂志出版设计
行业与产业类	出版行业与企业相关类课程	企业传播、新闻业介绍、出版社、作者和代理商、出版社市场、杂志出版介绍、商业计划、客户端出版项目、图书
经济与管理类	出版社和出版行业管理相关的课程	出版物的管理、营销和推广、出版社的财务和经济活动、出版经济学、杂志财务、杂志经济、市场管理、出版物营销管理
出版与媒体技术类	媒体技术与出版物制作技术相关的课程	视听媒体、多媒体信息、媒体技术学、移动媒体、图书制作工艺、网页设计、现代出版技术、高级桌面出版和图像操作与管理
能力培养类	写作能力、沟通能力、项目管理能力等课程	近代写作、专业写作、专业杂志写作、专题写作、图画小说写作、创意写作项目、企业管理与市场策略
人文素养类	语言、文学、新闻素养类课程	现代文学进程、外国文学史、哲学文学与艺术、现代主义流派、语言、机器翻译
项目与实习类	专业实践与毕业实习等	网络杂志、网络视频直播项目、网络广播培训实践、生产实践、毕业实习

从统计数据中可以看出，部分高校在出版专业课程设置中有版权类相关课程。国外高校中，俄罗斯是出版事业专业下开设版权类课程最多的国家。

2023年俄罗斯本科开设出版专业的高校有17所，其中有14所开设版权类课程，如俄罗斯新大学、奥伦堡国立大学、沃罗涅日国立大学、库班国立大学开设版权、出版法律框架、法律、应用纪律课程，乌法科技大学、乌拉尔联邦大学开设版权、知识产权课程；硕士阶段开设出版事业专业的高校有8所，其中莫斯科理工大学开设出版业的知识产权课程。

德国本科阶段7所院校中有5所开设版权类课程，主要有图书学者的版权、出版和媒体法、图书版权贸易和管理等；硕士阶段6所院校中有5所有版权类课程，慕尼黑大学开设有图书版权贸易管理、图书学者的版权、出版和媒体法、经济与法律基础课程。

英国本科阶段出版专业下开设版权与法律课程的高校有4所，如赫特德福大学新闻、法律与素养课程，罗夫堡大学图书贸易课程，南安普敦索伦特大学并购、版权与产品课程，伦敦艺术大学媒体版权研究；硕士阶段3所高校开设版权类课程，课程名称为出版法规、出版商务，杂志媒体法规，版权、销售与国际出版。美国只有佩斯大学开设出版法律法规课程。澳大利亚墨尔本皇家理工大学开设数字出版法律知识课程。

根据所调查的美国、英国、澳大利亚、德国、俄罗斯、日本的开设出版相关类专业数据，目前国外主要在本科和硕士阶段设置版权类课程。深入调查后发现，其版权类课程实际可分为三类：第一类是涉及版权的法律法规类基础课程；第二类是知识产权与版权类专门课程；第三类出版综合性课程。以综合性课程为例，一般涉及整个出版流程或具体业务场景，版权内容会根据出版工作实际出现在相关节点和课时，使学生深入理解掌握版权相关的知识和技能，如出版业、一本书的历史、从手稿到市场、出版开发等课程。通过访谈到的海外留学生得知，国外高校一般每学期限选3—4门课程，有的国家高校在本科阶段确实没有开设版权类专门课程，但会在相关课程中有专门课时从伦理道德角度对版权内容进行讲授和讨论，培养既懂出版又懂版权的综合型人才。在博士培养阶段，美国波士顿大学开设专业伦理与法律问题课程，俄罗斯圣彼得堡国立文化研究院开设版权和出版法课程。

（三）培养方式

校企合作，形成以服务产业为导向的人才培养链。国外大部分高校在出版人才培养过程中注重与企业合作，人才培养以产业为导向，让学生参与企业的活动，培养学生的实践能力和解决实际问题的能力。如美国洛杉矶设计艺术中心学院与许多知名企业如环球影视、耐克、现代、奥迪、奔驰等建立合作关系，学院与这些企业合作一些项目，从项目的开发到结项，都让学生参与其中，其中一些优秀的毕业生还有机会进入这些知名企业工作，学校聘请著名企业的顶尖设计师作为学院的客座教授为学生教学，为学生传授最新的创意理念和前沿的行业信息。澳大利亚高校出版课程设置紧扣行业实际，注重出版专业实践，深化校企合作，在高校出版课程中，企业和行业占据很大的主动权，一般由企业、行业引入关键能力标准，确定需要何种技能，再由教育机构在已有的课程基础上进行开发，课程设置紧扣行业所需，在课程开发前先咨询有关行业人士，确保教学内容真正符合业内需要，如悉尼大学与许多出版机构、媒体传播机构都有密切的联系。日本多所高校出版教育搭建校企合作平台，采取 PBL（Project Based Learning）型新媒体出版教育模式，以关照企业需求，通过项目制 PBL 的方式培养学生的内容编辑实务能力、团队合作能力、新媒体营销策划能力等全方位综合能力。目前参与 PBL 教育模式的企业包括日本朝日新闻出版社、线上书店 fujisan、时尚杂志 *Magazine house*、社交媒体 Line 等。① 德国的出版院校与行业联系密切，更有来自行业资深人士组成的咨询委员会，为学习出版本科的学生就业提供了很多机会。

双导师制培养。英国出版硕士教育项目普遍采用聘用客座讲师授课或大师班的方式补充课堂教学，客座讲师或大师班讲师的遴选标准除了满足出版一线精英人士的基本条件外，学校对校外讲师团队的专业结构也有考量，要求讲师团队涵盖出版领域的各个细分专业与方向。例如金士顿大学出版硕士教育项目聘有 21 位大师班讲师，其中既有文字编辑、版权编辑、发行人、文

① 陈雅赛：《全媒体时代日本出版教育探索》，《出版发行研究》2020 年第 1 期，第 91—92 页。

学经纪人，也有出版企业的管理者，涉及学术出版、大众出版和数字出版等业务范围，学生能够了解更多的出版前沿知识，并保持与业界的连接。日本采取递进式的全媒体产学研培养模式，日本早稻田大学新闻学专业出版方向的多位教授为出版社、杂志社、互联网出版公司的社长或高级管理层。除此之外，该高校采用“请进来＋走出去＋走进来＋互联网线上”教育模式①，邀请编辑出版业界以及数字通信类的资深专家，如《东京人》杂志主编、《朝日新闻》广告部审查课长、《周刊朝日》编辑部长、筑摩书房出版社主编、知名作家吉冈忍、株式会社情报通信综合研究所专家等走进课堂，每周定时为学生开设相关课程。经过半年课内专业学习后，业界导师带领学生到业界进行课外实践教学，学校还会邀请在新媒体工作的优秀毕业生走进课堂，将行业最新的动态、技术、发展方向介绍给学生，同时也借助远程视频、社交媒体群会议等数字化多媒体形式，邀请专业媒体人与学生进行交流。

（四）实践教学

国外出版课程强调实践教学。除基本的课程学习之外，引入了讲座、研讨会、工作坊、实地考察、项目工作、实习实践等多种培养方式开展出版教育，通过与出版业界相关专家的沟通、交流，提高相关理论和实践技能。一些学校还专门设置了依托于学校但由学生独立经营的出版社来开展出版教育，例如 UCLan Publishing 是英国中央兰开夏大学一所拥有完整运营体系的由学生领导的出版社。该出版社生产和销售专业、商业图书和电子图书，并在线上和线下出售，所有学生都有机会参与出版社制作书籍、销售、营销等活动。美国威斯康星大学史帝文分校的基石出版社也是由学生组成的出版社，该出版社成立于 1984 年，在学校和系支持下出版了 40 余种图书，它不仅培养人才，也与世界各地的作家有着密切的关系，教授图书创作的艺术和过程，指导学生从事编辑和出版工作。美国出版硕士课程重实用，多为晚上与周末课程，方便学生白天工作。课程侧重于促使学生尽快找到工作的实用知识与技能。

① 陈雅赛：《全媒体时代日本出版教育探索》，《出版发行研究》2020 年第 1 期，第 91—92 页。

澳大利亚除了在课程的开发过程中以行业需求为导向外，在具体课程的传授中，也注重出版专业实践。莫纳什大学对硕士研究生还设置了活动性课程，学生可以选取感兴趣的单位去实习，更深入地了解出版行业最新动态，以获取专业知识和技能。皇家墨尔本理工大学印刷专业特别重视技术传授，包括印前、印刷、印后各个阶段所必需的技术，同时不断引导学生进行跨学科、跨领域思考，如艺术学、经济学、电气工程学等，有助于学生综合素质的提升。

日本出版方向的学生大多进入大型出版社以及新媒体实习，重视培养与市场需求相契合的专业能力。学院为学生提供传统出版社、互联网新媒体（包括互联网内容生产媒体、互联网内容分发媒体等）的课外实践机会，且由行业兼职教授带领学生以项目开发与课题研究的方式进行行业考察与调研，调研数据用于行业报告与学术论文等，实现学校与行业“互惠互利、资源共享、优势互补”①。

德国的出版专业本科课程同样强调实践，其课程设置涵盖多项实践项目，如创作实践、专业出版项目、出版专业实践、写作和出版自主学习、图书艺术自主学习实习研讨会、出版实习、编辑学习、开发写作项目等，这些课程有学分设置，让学生通过多种形式进行职业训练。德国在院系层面设置有行业咨询委员会或顾问团，为课程设置提供咨询，也为出版专业学生实习提供机会。比如莱比锡大学设有咨询委员会。在实习方面，德国的学生取得版权专业毕业证书并不等于具备了进入版权行业的能力，毕业生还需要在出版机构、书店等单位进行后期实习。短期实习通常为1—3个月，毕业生可在较短时间内了解行业发展基本情况；长期实习一般为半年，主要针对已有相关行业知识和经验的毕业生。同时，毕业生还有去国外实习的机会。

俄罗斯实践课程贯穿整个教学阶段，分为教学实践、生产实践和毕业实践。实践教学开设在本科或硕士第一学年，主要包括参加公司的生产实践活动、多媒体出版物创作等，目的在于使学生获得初级知识与技能，加强学生

① 陈雅赛：《全媒体时代日本出版教育探索》，《出版发行研究》2020年第1期，第91—92页。

的理论基础，培养研究能力。生产实践一般在第二学年或第三学年，实习根据学生的专业兴趣进行。学生在出版单位担任相关专家的助理，从事文本编辑与校对工作，在生产实践中了解未来职业的具体内容。毕业实践则是毕业生必须完成的实践活动。学生可以在毕业实践中确定毕业论文主题，为研究搜集相关资料与数据，并将实践中获得的知识与技能运用于论文写作和未来就业中。实践课程由浅入深，贯穿整个教育过程，逐步达到提高学生科研能力和专业素养的目的。

三、师资不足制约我国出版教育发展与版权人才培养质量

综合比较和深入分析国内外出版与版权人才培养情况，我们可以看出，我国出版教育既有经验，也存在着明显不足。

（一）国内出版人才培养经验不足

我国出版教育在培养规格、培养方式、管理评价等方面，与发达国家基本达到了同一水平，在开设院校、人才培养数量方面甚至超过了西方发达国家，整体人才培养质量不断提升，近年来没有出现在红牌和黄牌专业名单上，而且从各种第三方专业机构发布的应届毕业生和往届毕业生《培养质量评价报告》《中期发展与培养达成评价报告》看，各项就业指标基本处于文科就业中等偏上水平，这主要得益于从国家层面持续出台改革措施，办学规范性不断提升。

国家层面出台了一系列改革管理文件和措施。在管理规范方面，本科＞硕士＞博士，如《普通高等学校本科专业类教学质量国家标准》《普通高等学校本科专业认证标准》，“卓越人才教育培养计划”“双一流专业计划”和“四新”建设。2020 年以来，专业学位管理得到加强，国家发布了系列管理文件，如《国务院学位委员会教育部关于进一步严格规范学位与研究生教育质量管理的若干意见》《学位授权点合格评估办法》《学位授权点抽评要素》《学位授权点自我评估指南》。2023 年印发《教育部深入推进学术学位与专业学位研究生教育分类发展的意见》，2024 年修订颁布《研究生学科专业简介及其学位基本要求》、印发《关于加快推动博士研究生教育高质量发展的意见》，

对持续深化研究生教育综合改革做出系统部署，标志着学科专业管理、研究生培养规范迈上新台阶。各省也相应公布了《学位授权点合格评估实施细则》，各高校也相应制定了《学位授权点周期性合格评估工作方案》，如《河北大学2021—2025年学位授权点周期性合格评估工作方案》包括："师资队伍、学科方向、人才培养数量质量和特色、课程教材质量、科学研究、社会服务、学术交流条件建设和制度保障等，重点突出人才培养。"

相应地，在人才培养目标与课程体系建构方面，整体设计架构合理。调研到的国家一流本科专业建设点和出版专业硕士授权点单位，特别是同时办有出版本科、出版专硕、出版方向博士的高校，因其师资相对充足、稳定，开出的课程更加丰满和有特色；在实践教学方面，在校内建有实训设施，也都按照规定签订了实习实训基地并不同程度地投入使用，带领学生定期/不定期地到企业参访，定期/不定期地聘请业界导师或相关人员进校开展讲座。

（二）国内出版与版权人才培养不足

出版专业教师教育背景多元，且相当比例的教师具有行业背景，天然具备了学科交叉、产学深度融合的前提条件，但师资数量不足已成为制约出版教育发展和版权人才培养的主要因素。

师资不足，导致课程体系难以有效支撑人才培养目标。课程体系中的知识体系与课程内容结构是否合理，决定了培养目标能否落实。深入调研后我们发现，由于缺乏师资，很多高校的出版专业开不出史、论、务、法等成体系的课程，即使参照国内外名校人才培养方案照猫画虎地设置相应课程，实际也是"理想很丰满，现实很骨感"，要么无师资开不成课，要么讲成"老课""旧课"。即便办学数量最多的本科编辑出版学专业或专硕编辑出版实务方向，不但相关课程数量不足，而且内容深度不够，如有些出版专硕授权点的教学大纲与本科教学大纲区分度不明显。再以本科数字出版和专硕数字出版方向为例，实际落实过程中，专业发展课程不但少，而且杂，大部分高校缺乏武汉大学这样的办学实力，本科层面开设不出如下与数字出版高度相关的课程：

专业主干课程：信息管理与信息导论、出版学基础、数字出版概论、数字媒介传播、出版营销学、出版法律与政策、媒介经营与管理、网络受众分析、高级语言程序设计、数据结构、数据库原理与应用、计算机网络基础、信息系统分析与设计。

专业特色课程：网络编辑、数字出版物编辑与制作、网络知识产权、用户界面设计、页面描述语言、出版电子商务、数字资产管理、游戏设计与开发。

对比国外相关高校，发现西方发达国家不但在出版专业开设版权类课程，而且多开设写作类课程，并将之整体放入文化创意产业背景下提升学生能力，在这样的大视野下，创意写作不但是必修课程，而且与版权开发、运用、服务等内容知识有效融合，尽管课程数量不多，但内容深度较好地满足了行业需求。目前我国出版本科专业也有高校开设“基础写作”等课程，但一些高校的教材和课程内容陈旧，且融通性不足，最重要的是学生训练反馈不够。现有课程一般以34—54课时为主，授课以应用类文体知识讲授＋例证分析为主。互联网环境下，这样的内容知识学生唾手可得，关键在于教师要讲清不同文体写作的底层逻辑、市场变迁环境下当下写作的要求，然后让学生练习，并给予及时反馈。以图书辅文中的内容摘要为例，这是出版专业学生初入职场必备的技能，教师在给出基本定义的情况下，要结合具体要素、总体要求、出现的场景和媒介载体位置等，讲清写作目的和目标；再以例证形式，让学生快速了解教育出版、专业出版、大众出版、少儿出版目标读者的特点及其内容摘要的具体写作要求；再重点以大众出版中的虚构类出版（最难写）为例，给学生详解如何做到既要讲清故事讲什么，有吸引力，还不能透露具体情节，尤其是结局，其中的关键就在于将故事主题结构与特定语境结合起来；最后给学生发放市场头部案例，让学生按要求分析其优劣。这样，学生进入职场后才能举一反三，在AI编辑写作工具的冲击下，才能更好地理解其写作原理，快速搞清其优劣势后为我所用，有效提升工作效率。学生在进行这样的训练过程中，自然有助于其重新思考图书选题价值及其版权开发的可能性和可行性。调研后我们发现，目前很多高校的授课时长和授课内容都难以细化到这样的层次，对涉及版权开发与运用的内容更是难以顾及和深入。

出版专业课程体系尚且如此，版权方向课程难成体系也就可想而知。相关专家学者多次呼吁和强调“以产业运作方式实现社会文化构建之目的培养出版专业化人才是学科交叉融合背景下出版教育和人才培养的‘正道’或‘根基’；更新教育理念、优化知识结构、强化业务技能和转变培养方式是学科交叉融合背景下出版教育和人才培养得以笃行致远的源泉”①，目前依然难以在多数高校落实，原因就在于师资力量缺乏。出版人才培养都难以实现交叉学科培养，更何况专业性要求更高的版权方向人才培养。

由以上论述可知，我国出版专业培养的版权人才少且职业胜任力不足，不是高校认知不到位，而是缺乏师资支撑。因为即便现有出版专业的个别教师具备相关知识背景和培养能力，也多因教研实践中分身乏术而无暇兼顾；而且由于高校评价体系所致，即便课程体系中引入本校相关学科专业师资授课，也缺乏真正的学科专业融通动力。仍是由于缺乏师资力量，即使实行了双导师制，因为校内教师无法投入更多精力与校内外相关部门人员沟通协调，设计的课程体系也难以落到实处。

师资不足还导致产学融合难以深入。在中国高等教育培训中心 2022 年 11 月 12—13 日举办的“聚焦‘四新’的一流本科专业建设与高质量发展研讨会”上，全国新文科教育研究中心办公室执行主任、山东大学本科生院副院长申树欣提出，实践教学是专业教学中的重要环节，目前是文科专业建设短板。出版是实践性很强的应用型学科专业，这一问题尤其明显，相关调研显示，“毕业生和用人单位均认为需要加强实践环节的教学”②。实践教学在

---

① 方卿：《守正创新：学科交叉融合背景下的出版人才培养》，《科技与出版》2023 年第 1 期，第 6—11 页。

② 邓香莲、左佳、张卫：《新文科语境下出版学科人才培养现状及优化进路探讨——以华东师范大学为例》，《出版广角》2022 年第 17 期，第 41—46 页。

某种程度上已成为制约出版学科专业发展和人才培养质量的突出问题，需要我们改革现有实践教学内容与管理，产教深度合作，共同提升实践教学质量。早在2020年的调研走访中我们就发现，“有些校外实践基地形同虚设，利用率和使用质量不高”，“教师考核评价形式单一，导致其校外实践指导投入不足”①，三年后虽然情况有所好转，但并未从根本上解决这一问题，问题的根源仍在于缺乏师资力量。例如对2017年获批的9家出版硕士专业学位授权点核验工作反馈中，普遍存在的问题与建议就包括“加强师资队伍建设”。

第二节　出版专业版权方向人才培养瓶颈破解之道

通过上述国内外出版人才培养模式调研，我们较为深入地了解了国内外出版高等教育情况，了解了为什么缺乏版权方向人才培养，也间接理解了为什么业界不愿意直接从出版专业招聘相关毕业生的原因。

实践中出版是一项文化性的商业活动。从运营特点上来衡量，主要涉及三个方面——专业、经营和管理，因此，它不只与一般产业不同，而且这本身就是不太兼容的三种面向和三种能力要求，实践中落实起来非常困难。这里的专业并不只是学科专业知识，还包括编辑出版人员对创作的敏感度与应对的技艺，也就是品位鉴赏和评价的能力，要想获得这种专业能力很难，尤其是大众出版领域，难在对市场、对读者需求及其品味的把握。经营指的是将本求利或永续生存的盘算、想法，是比较有利、不利形势的策略思考，它侧重考虑投入产出，与编辑出版的专业特征天然具有冲突，例如内容价值判断背后还包含着市场预测，即对读者需求的把握，越是创新的越没有现成的市场成功案例可供参考，充满了不确定性。管理是决策，是对行为、做法加以规范，要求效率或效果，是专业特征与经营想法如何落实的问题，是在充

① 刘燕飞、韩立新、杨金花：《编辑出版专业校外实践基地建设新需求、瓶颈与调适》，《出版发行研究》2020年第12期，第62—68页。

满不确定性的世界里寻找确定性，从而提高成功概率，但实践中往往不能客观地看待它，认为它是一种束缚，因此尽管管理是为专业和经营服务的，但因其在重大决策和战略转型时常常涉及相关人员的利益，管理又很容易成为专业和经营上的阻碍。

出版专业培养的版权人才，是从版权角度将专业、经营、管理三种能力融会贯通的人才。这就需要版权人才培养与出版人才培养统筹推进，打通出版专业学位人才培养通道，探索本硕博分层次贯通培养机制，建制化、规模化培养，不仅可以以终为始，适应社会需求，整体提升人才培养质量，还可以同时破解现有人才培养瓶颈，解决师资不足问题。

这一方案看似一个悖论，现在培养的本科、硕士不能很好地适用行业需求，培养的博士岂不更加不接地气？高校本身就缺师资，如何培养？第一点质疑其实主要是目前学界业界认知分歧的问题，包含了更大范围内的出版人才需不需要由出版专业专门培养的问题；第二点质疑其实包含了对出版专业培养版权人才的肯定性看法，只是担心培养质量问题。

一、凝聚产学共识，协同创新发展①

我们首先分别从社会学和教育学视角辨析为何需要出版专业培养专门人才，其次指出业界认知偏差根源，从而打消业界疑虑。

社会是一个有机体，有机体的每个部分都是为了维护这个有机体的生存而存在，出版作为一种同时生产精神产品和物质产品的行业，从其产生的第一天起，就没有一个国家政权不对其施加影响，因为其作为一种系统化的生产传播方式，通过传播知识、思想和情感对塑造社会共识、维护社会秩序起到了不可替代的作用。因而，出版也就变成了一种权力，需要把关，这是一种给予或保留的文化传播权利，也常是思想文化产生冲突的地方。此外，要想维护好社会秩序，还需要充分了解小群体的决策模式，了解人们日常生活

① 本部分内容主要来自杨金花《学科共建视域下出版专门人才培养模式探析》，《出版广角》2023年第4期，第22—26、34页。

中的文化互动，出版活动本身及其出版的产品，在其中发挥了不可或缺的作用。可见，出版活动研究、管理和实践，需要专门人才从社会学角度进行充分认知，才能做好这样的研究和实践工作。

出版工作的职业化，决定了出版需要出版专业培养的专门人才。进入现代社会以来，出版成为专门的职业后，从事这种职业的人首先是一种由社会所定义的身份，这种身份反过来又定义了这种职业及其人才的根本属性、社会预期和道德规范。早期这种职业身份的认知，除了与组织规则相联系的外部激励和约束，多由出版人员自身能力或自主性所决定。随着出版环境日益复杂和出版生态变迁，当下出版企业已承担不起传统“自学成才”式人才成长或缓慢的师徒制人才培养所需的高昂成本，更为重要的是，随着出版业的发展，职业队伍的快速扩充，出版人员的职业意识和职业能力，不可能稳定地从实用的出版业务中自发产生出来并自觉地转化到每个人的职业行为和职业生涯中，这就需要专门的理论知识学习，认识和掌握出版规律，当其遇到新情况、新问题时，才能按照出版规律做出适当分析和理解，找出相应对策和办法，避免盲目性和感情用事。这种职业化的出版人才是专门人才，需要接受出版专业知识培养和训练。

现代教育目的的价值取向中，最基本的问题就是如何协调人本位和社会本位之间的矛盾与冲突，不同学科专业一般根据自身特点，通过课程知识体系来解决这一难题。但由于时间有限，学生在学校所学课程知识，主要是前人积累下来的高度概括化、体系化的实践经验和认知成果，目的是培养良好的认知能力，以便将来更好地适应社会需求和自身发展，这同时也就意味着学校所教授的主要是理论知识——远离实际决策和实际行动层面的知识，与现实社会需求之间天然地存在一定差距。出版学是在出版实践基础上发展起来的一门新兴学科，经过两三代人的艰苦努力，已初步按照现代学科体系搭建出相对完整的史（出版史）、论（出版理论）、务（出版实务）、法（出版研究方法）知识体系。但出版学毕竟与那些基础学科不同，要解决的问题终究是实用性问题——出版行动的问题，即人们在什么状态下可以做得更好或更糟的问题，也就是它所提供的思维知识要真的有效，或者是这样做能引导到正确的结果，从而达到社会期望。以此衡量现有出版学科专业知识体系，确实还不够成熟，在某种程度上甚至还处于“前学科”状态。

通过上面的学科专业特性分析，我们可以看出，业界之所以对高校培养的出版专门人才不满意，除了其自身认知问题（忽视学校所学理论知识与社会行业岗位所需实践知识天然具有差距，企业内部需要完善引、用、育、留人才培养机制）与高绩效考核压力下不合理的人才能力预期外，主要还是现有高校出版学科专业整体发育不充分、人才培养层次不够导致的毕业生职业胜任力不足所致。保守估计，京津冀地区至少集聚了全国 60%以上的出版机构和企业，但截至 2023 年，出版专业本、硕（专业型、学术型）同时招生的高校只有三所，同时本、硕（专业型、学术型）、博（学术型）招生的高校只有两所，同时硕（学术型）、博（学术型）招生的不超过六所，不但招生指标少，而且在其他一级学科或二级学科方向下培养。课程体系是落实专业培养的关键，衡量现有高校出版专业培养方案中的课程安排，与传统基础强势学科相比，不只存在少和杂的问题，主干课程和核心课程知识深度也有待提升，典型如选题策划等实务类课程。选题策划与选题判断其实是一体两面的关系，如果不能从认知与决策角度讲清楚判断选择的依据和原理，很容易流于业务流程介绍和经验感悟性分享，这样浅表化知识培养出来的学生，大概率职业胜任力不足，就业竞争力较弱。

综上，我们可以看出，学界业界产生分歧的根本原因，是学科专业发育不充分以及由此带来的教育资源支撑不足，导致当下出版专业培养的人才层次、数量与质量还不十分理想，但业界不能因此本末倒置，遮蔽对出版专门人才需要出版专业培养的认知，而是尽快形成共识，深度融合，勠力同心，提升人才培养质量。

二、本硕博分层次贯通培养，壮大师资队伍

出版专业的版权人才培养，应该在现有本、硕（专业型、学术型）、博

（学术型）人才培养机制基础上，借助《研究生教育学科专业目录》（2022年版）中出版可授予专业博士学位的契机，重点打通出版专业学位人才培养通道，强化特色发展与职业衔接，扩大出版专门人才培养规模，分层次培养一大批既具有国际视野、了解国情、深谙出版问题本质，又具备良好政治思想素质和职业道德素养、掌握出版与版权专业知识和技能、适应不同出版与版权领域实际岗位需求的专门人才。

显然，这样的人才需要交叉学科培养。学科交叉的建设发展既需要自下而上的自然涌现，也需要自上而下的有组织驱动。① 由于“过去我国学科专业评价的主要目的是问责和分配资源”②，出版学不具备一级学科授予权，导致不但难以形成“稳定的本科、硕士、博士三级培养体系”③，培养的具备进入高校从事教研资格的博士研究生少之又少（在每年三四十人的毕业生中，有相当比例的博士生入学前有高校教职，出于提升学历层次的需求申请考取出版学/方向博士，回去后并不从事或并不主要从事出版教研工作），而且也难以吸引其他专业毕业的博士研究生进入出版专业从事教研工作。出版学科专业共建，政产学研用协同创新发展，是快速壮大师资队伍的有效措施，特别是为了破除根深蒂固的传统影响，更需要政府层面“提供组织支持，利用行政权威破除制度壁垒”④，赋予出版专业版权方向人才培养的“合法性”，出版学科专业发展才能在更大范围内调动资源，快速壮大师资队伍，优先解决学科专业发展的瓶颈问题。例如，2023年11月，由中宣部出版局建议、指导、推动，以全国出版学科专业共建工作专家组和全国出版专业学位研究生教育指导委员会秘书处的名义，在厦门举办的中国特色出版学科专业中青年教师培训班，全国59所学校114位从事本科、研究生教学的中青年教师参

---

① 参见张炜《研究型大学的学科交叉组织创新与实现路径》，《人民论坛·学术前沿》2023年第21期，第24—31页。

② 杨频萍、汪霞：《“双一流”建设背景下我国学科专业评价创新研究》，《高校教育管理》2018年第6期，第65—73页。

③ 张志强：《中国特色出版教育与国际借鉴》，《中国出版》2022年第17期，第13—16页。

④ 万安伦、鲁竞夫：《贯通“政产学研用”，推进出版学科建设的路径探析》，《出版广角》2022年第17期，第6—11、17页。

加了培训，整体提升了出版学科专业中青年教师的教研水平；2023 年 12 月中宣部、教育部联合印发的《关于推进出版学科专业共建工作的实施意见》，极大地提振了学科专业士气，在微信朋友圈“刷屏”，中青年教师用“期待已久”“迎来学科专业发展的春天”“出版史的重要一笔”来表达激动喜悦的心情，而且实实在在地起到了推动作用，一些高校当天就积极行动起来，与相关主管部门筹划行动方案。

本硕博贯通培养，首先可以更好地调动学界业界积极性，双方通力合作，直接提供师资和培训现有师资。例如，河北大学出版专业与中国版权保护中心深入开展合作，共同培养版权与版权文化方向的专业硕士研究生，河北大学为此专门打造了版权前沿讲座，聘请中国版权保护中心的五位专家分别从版权文化与出版使命、媒体融合与出版业版权保护、版权产业概论、数字时代的版权保护、版权人才保护开发和成长路径入手，系统讲授出版专业急需的版权知识；在此基础上，又分别聘请大众出版领域和少儿出版领域的专家结合具体畅销书案例讲授版权开发与运用。本门课程有两位专职教师负责，全程参与策划和听课，提升学生培养质量的同时，也培育了师资，这种先立后破、在现有人才培养过程中改造升级的做法，增强了出版专业版权方向人才培养的可操作性。其次，通过提升出版学科专业地位，直接吸引现有其他专业的年轻教师和博士生。随着出版学科专业共建工作的影响越来越大，特别是 2023 年推出第二批省部共建出版学院（研究院），相关高校快速吸引并引入了其他专业的中青年教师和新毕业的博士生，甚至还引进了业界经验丰富的中青年专家，壮大了师资队伍。最后，自身培养的博士生补充到教师队伍。随着 2025 年出版专业博士开始招生，未来三四年内，一批出版专业培养的博士生除了到出版行业就业，也会补充到高校师资队伍中，快速壮大师资队伍。

第三章 出版专业版权方向人才培养模式构建

在较为充分地了解国内外出版与版权人才培养概况以及我国版权人才培养瓶颈的基础上，我们继续探索出版专业版权方向人才培养模式，因为人才培养是系统性工程，人才培养模式是解决人才培养问题的系统化解决方案。出版专业版权方向人才培养，要以国家标准为指引，以生为本，以社会需求为导向，交叉学科培养，同时注重培养过程和运行机制保障。

第一节 适应社会需求，系统化制定人才培养方案

适合出版专业培养的版权人才，入门类岗位人员所需知识其实并不复杂，例如针对新型电商平台上的侵权盗版问题，只要了解编辑出版知识，初步适应平台知识产权投诉流程即可上手操作；难就难在复合型人才的培养，对于出版机构而言，具备多样性认知能力的出版人才为复合型人才。“版权是文化的内核、创意的化身”①，对于出版机构的需求而言，其中的版权人才培养最终还要与出版业务流程相结合，体现在围绕内容的版权开发、运用、保护和管理上。因此，如何将出版业诉求落实在人才培养方案中是问题的关键。一份成熟的人才培养方案包括人才培养目标、毕业要求、核心课程与主要实践

① 孙宝林：《推动构建版权文化学术话语体系》，《人民政协报》2023 年 12 月 4 日。

性教学环节、课程设置及教学进程计划表等关键内容。

一、人才培养目标合理、可落实

出版专业版权方向的人才培育，旨在培养具有版权内容创造、版权作品生产、版权产品市场运作、版权代理服务和版权资产管理等方面的基本理论、基础知识和基本技能，能够在出版企业、网络媒体、文化传媒公司等单位和部门从事选题策划、组稿、审稿与编辑加工、内容渠道分发、版权管理与交易的应用型、创新型、复合型人才。

专业人才培养目标合理性自评。人才培养目标制定得是否合理，除了最终靠社会检验成果外，方案制定伊始先要进行自我评估。评估主要考虑以下因素：专业定位是否准确，目标是否明确，是否符合社会需求，是否符合学校办学目标和定位。本硕博分层次培养有助于高校自我评估人才培养目标是否合理，避免形成纸面上的不切实际的过高目标。本科人才培养目标应该在主要培养出版专业知识和技能基础上，再侧重版权基础知识和技能的培养；专业硕士人才培养目标，应该将出版专业知识技能与版权专业知识技能有效融通；专业博士人才培养，应该将学术性与实践性紧密结合，在出版与版权的更高维度（如经营战略管理）上融通培养。唯有如此，人才培养方案才能有效嵌入所在大学的办学目标和培养体系之中，夯实基础，借力发展，才能达成目标。最终培养的目标人才——应用型、创新型、复合型人才才能落到实处，更加符合当前版权强国、出版强国、文化强国建设战略目标的要求，契合文化创意产业发展的需求。

二、课程体系科学，有效支撑培养目标

课程体系的调整，要根据社会发展、媒介变迁和出版业自身变化进行相应的调整，该增加的增加，该删减的删减。课程体系中的知识体系与课程内容结构是否科学，决定了培养目标能否落实。除了要考虑国家相关文件要求和各类课程学分比例外，需要重点从人才培养方案知识体系和课程结构能否

体现培养目标、课程设置能否反映社会需求和专业发展新变化，以及开设课程对培养目标和毕业要求实现的支撑度来评估。

版权方向的课程体系设计，需要出版与版权知识体系统筹规划，本硕博分层设计。本科是基础，本科课程体系扎实合理，硕博课程才能更科学、更深入，才能更好地借力发展。

本科层次的出版与版权教育，需要通才教育与专才教育相结合的培养方案。相应的课程设计要符合通识教育和学科基础教育并重的要求，除去专业课程外还要开设大量人文社科、自然科学类的课程，以拓展学生的知识面、开阔学生的视野，使学生具备深厚的人文素养和科学素养，适应未来社会的发展需要；专业课程需要史、论、务、法通盘考虑和设置，学时分配要符合本门课程教学的基本要求，并给学生留有阅读思考活动空间，保证学生能够有所学、有所练、有所思、有所提升。此外，还要考虑出版业发展变化较快的特点，在课程名称的设置过程中注意其“自适应性”，保证相关课程在社会和专业发生新变化时只需进行教学内容的调整，而不必频繁地变换名称。

如前所述，过往出版本科专业的课程设计，一般是通识教育与学科专业教育并重，课程类型一般包括通识教育课程、学科基础课程、专业发展课程，目的是拓展学生知识面、开阔学生视野，以适应未来社会发展和行业需求。整体架构设置是合理的，但在实际落实过程中，存在专业发展课程少和杂的问题，主要是通识教育课、学科基础课、专业发展课融通性不够所致。因此，要想解决上述问题，不是塞进更多专业课，而是如何在少而精的前提下，优化课程知识体系和教学内容，提升学生的认知能力与专业素养，这就需要顶层设计和一体化设计，特别是从大学计算机、大学英语、思想道德修养与法律基础等通识课入手。如河北大学本科专业通识教育课中的计算机基础课，经过与计算机基础教学部沟通，第一门必修课选择针对文科专业设置的大学计算机 A，第二门必修课选择针对新闻传播大类设置的 Python 语言程序设计，以使学生更好地理解人工智能原理及其应用；大学英语从第二学期开始，公共外语教学部提供了学术写作、雅思考试等特色方向供学生选择；思想道德修养与法律基础，注重培养学生的法律思维，这样后续学科基础课、专业发展课设置才能更好地衔接借力，在不增加课时的前提下，课程内涵式升级改造，提升课程内容的专业性和前沿性。在此基础上，再突出版权方向人才培养特色，除继续加强书业法律基础课程内容建设外，还将隐含在原有课程中的版权内容凝练提升出来，增设了版权贸易、版权文化与版权保护等版权类相关课程。

总之，通过不同课程体系设置，培养学生的综合适应性能力，即通用能力：所有社会人员参与社会生活必须具备的能力，如学习能力、语言表达能力、社会交往能力、逻辑思维能力、心理调适能力；专业能力：出版与版权是一个多领域、多环节、多岗位合作的专业领域，出版专业版权方向的专业能力需要选题策划、组稿、审稿与编辑加工、内容渠道分发、版权管理与交易等多项能力。专硕、专博培养中，就可以在此基础上收敛课程数量，加深课程内容，因为招收的其他专业生源可以通过辅修本科课程自行补充相关知识，或者教师在凝练压缩基础知识基础上再延伸授课广度和深度。

三、加强实践环节教学，提升学生职业胜任力

出版业是对实践能力要求很强的行业，相应地，出版学科专业的学生需要在学习过程中注重自身实践能力的培养和锻炼。为了提升学生的实践能力，高校需要在人才培养方案中设置相应比例的实践课程，培养职场工作所需要的各种能力，如动手优化能力、创新能力、组织能力、团队合作能力等。

高校出版实践课程可以分为三类：一是理论课程的配套实践环节，二是单独的综合创作实践，三是专项调查和毕业实习。版权方向的实践课程同样需要本硕博分层设计，本科阶段的人才培养，实践动手能力更为重要和迫切，因为在现有行业招聘岗位中，本科层次的人才主要是进入大众出版领域、少儿出版领域中的民营文化企业，初入职场从事的主要是基础业务类岗位，如校对与案头加工、营销发行、新媒体运营等工作，版权开发和运用能力是其底层支撑能力。硕博实践教学环节主要是专项调查和毕业实习，以及理论课

程的配套实践，有条件的高校还应该在学院内搭建学科专业实验室和科研型实践平台，提升实践档次和水平。

实践环节是否合理，除了必要的设置比例和学分要求，还需要从实践环节设计能否体现培养目标，是否有利于加强学生动手能力、创新能力和实践能力的培养，以及开设课程对培养目标和毕业要求实现的支撑度来衡量和评估。以河北大学编辑出版学本科为例，在培养方案的专业发展模块设计了相应比例的实践课程，其中理论课程的配套实践环节，包括理论课程的实践作业以及单独开设的实践课程，如图书选题策划、出版技术与实践、图书装帧设计、版权贸易、版权文化与版权保护等，这些课程设置意在培养锻炼学生的选题策划与编辑制作、版权开发、落地与运用等基础技能；单独的综合创作实践，如编辑实用写作、书刊编辑实践、文化创意案例分析与实践、出版物交互设计与实践等。在这些课程进行过程中，教师采用任务驱动式教学模式，结合与本专业相关实践工作任务进行实战模拟，增强学生对所学知识技能的综合运用能力，体会版权在其中的核心作用，提升学生的创新创造能力。

出版专项调查与毕业实习，目的是让学生在真实的环境中与出版业各类相关工作零距离接触，培养锻炼学生的实践能力，检验学生的最终学习成果。为了更好地让学生适应出版业的最新变化和人才需求，相关高校应定期遴选调整部分实习实践基地，并力图通过数字实践教学双平台建设，给学生提供更多实践机会，培养和锻炼学生综合运用所学基础理论、基本技能和专业知识，培养其独立分析和解决实际问题的能力，把理论和实践结合起来，总体提高实践动手能力。

第二节　明晰教学规划，交叉学科培养

课程体系是否合理，还需要教学规划与教学内容来保障。随着出版生态变迁，版权方向的人才培养需要自下而上的交叉学科培养，并且通过相关管理制度保障人才培养模式执行到位。

一、明晰教学进程与计划，对学生实施精细化培养

培养方案的教学进程是否合理，也是人才培养方案落实的关键，除了考察教学进程计划体系的完整性、周学时的适度性，还可以通过绘制课程地图，直观发现课程安排次序是否科学合理。教学进程计划体系的完善性，本科主要包括以下内容：有通识教育课程保障学生的政治素养及外语、计算机相关能力的培养，有学科基础课保障学生具备学科专业基本素养，有专业发展课程保障学生的专业素养，还要有大量的学科、跨学科选修课和专业能力拓展选修课程供学生完善知识体系和深化专业技能。专业硕士研究生课程，不能只就版权讲版权，需要较为丰富的学位课程与非学位课程来提升学生对版权原理与本质的认知，特别是出版经营管理类核心课程和研究方法类课程，对规范培养学生的学术和实践能力至关重要。以河北大学最新修订的2025版人才培养方案为例，除了出版法规、版权与版权贸易、版权前沿讲座外，还开设了出版企业经营与管理、期刊社经营与管理、数字出版与商业模式、文献阅读与论文写作、人文社会科学方法、大数据与传播等课程。专业博士研究生最重要的是培养其独立研究和实践动手优化能力，课程开设要少而精，经典文献阅读与研究方法类课程也必不可少，为学生未来能够娴熟运用专业理论知识发现问题、解决问题奠定基础。

从课程安排次序看，本科除按照学校整体规划在第一、二学年主要安排通识教育课程和学科基础课程之外，还要在大类招生背景下按照编辑出版学

专业自身特点，尽早安排出版学概论类课程，以便学生了解相关基础理论知识，为专业分流和分流后的学习打好基础。专业核心课的安排要有鲜明的层次性和延续性，基本宗旨和原则是在了解基本理论知识的基础上，循序渐进，逐渐增强专业能力。具体安排时要适当把相应实践类课程有效嵌入课程体系中，以便学生在前期专业知识积累基础上，能够理论联系实际，从大二开始即可通过参加创新创意项目、大赛等，获得正向学习回馈。专业硕士除了第一学期的思政和外语类公共必修课，主要提供专业基础课，使学生快速进入专业学习，为确立毕业论文选题方向打好基础。专业博士要将思政、外语类课程与专业学习有效融通，整体提升文献阅读与思辨能力，在此基础上推进专业核心问题的认知能力，找到毕业论文写作的切入口。从学时的分配看，无论本科生还是研究生，既要保证学生能够充分利用课上时间学习专业知识，又要给其留出充裕的课外时间拓宽视野，参与实践，硕博尤其要保障其课下阅读时间。

本科生、研究生课程安排要有梯度和深度的区分，要精细化培养。出版专业版权方向的人才培养除了必要的法律与版权类课程，还要与时俱进地补充最新内容，开发新案例。例如新版《著作权法》修订通过后，教师应及时调整增补新内容；再如针对 AI 生成作品是否有版权以及如何保护等热点问题，教师应第一时间将《AI 著作权首案宣判，判赔 500 元》这样的新闻引入课程，并结合专业自媒体深度分析（如《AI 生成图片著作权侵权第一案判决书》《ChatGPT 面临销毁？GPT-4 被爆逐字照抄原文，OpenAI 或赔偿数十亿美元》等）。除了使学生深入理解《著作权法》相关条款外，能否与相关课程内容呼应或相互支撑也很重要。综合性大学一般都设有法学专业，无论是引入法学专业教师授课还是教师自行在大型专业数据库检索论文、案例都不困难，真正的困难是法学专业的教师不愿意投入更多精力在出版教学上，主动融通出版专业知识，因此，出版专业要想培养出高水平版权方向的人才，出版专业的教师责无旁贷，需要主动融通其他相关学科专业知识。

以出版学概论课程为例，本科生是第一次接触这样的专业性内容，因此要从学理和实践角度使学生快速了解把握这门课的性质、总体内容框架及其内在逻辑，构建对出版学的总体认识和基本认知。

导论：基本概念、学科体系、研究意义、出版学研究简史等。要给学生讲清楚这一章节的主要内容和作用：讲解基本概念和基础理论，消除理解障碍和歧义，构建基础学科知识框架，以便后续交流和理解；简要介绍研究方法，以便学生自己展开调查研究。

基础理论研究：出版活动简史、功能、方针和原则等。简要构建研究出版活动的横纵坐标，以便学生理解其本质及规范性要求。

出版组织与管理：社会组织架构、行政管理、出版资源管理、人员素质与能力。主要从思想内容和经济两方面讲清不同国家如何对出版活动进行监管，假使其中的出版组织机构权力滥用，如何运用法律及行政手段对其进行监督、管理、控制和制裁。从事的基础和前提条件是什么，什么样的个体才有资格和资质从事这一活动，并做好这一工作。

出版实务：出版物生产、流通、市场营销、版权贸易。从流程角度讲清做什么、怎么做，并从决策与增值角度初步讲清为何要如此做。

按照教育部颁布的教学大纲，研究生课程体系中仍然要包含上述内容，考虑到编辑出版、数字出版、新闻传播大类等的生源学过相关内容，直接报考出版专业硕士的学生备考时也基本学过这些内容，只有少数跨专业、调剂生没有学过，授课教师可以做如下安排，一是要求没有学过的学生补修本科课程，二是把相关内容放到线上教学管理平台上，让学生自学，快速掌握。为了保障学习效果，授课教师可以快速梳理一下基础知识，再在此基础上加深授课内容。例如河北大学的出版学概论课程，主要结合统计数据和案例（如美国出版业 60 年发展变迁、我国出版业转型面临的主要问题等），使学生从文化属性与商业属性两方面对出版本质以及我国出版业主要特征、发展阶段、问题实质有较为深入的认知和把握。课程的主要结构和内容为：

第一章　认识出版

第二章　像出版学家一样思考

第三章　美国图书出版业的变革：1945—2005年

第四章　大众图书出版

第五章　数字出版：教育出版与专业出版

第六章　应对挑战：在美国出版发展经历中学习出版

第一章、第二章相当于绪论部分，交代一些基本概念和基础理论，消除理解障碍和歧义，较为详细地讲解研究方法，以便学生自己开展调查研究。这两章主要通过概念界定与基础理论介绍，快速给非编辑出版专业的学生补充本科要求的内容知识，提升编辑出版专业背景学生的认知。第三章通过计量经济学的统计数据以及出版业发展过程（特别是营销发行渠道的变迁），使学生透过现象看清问题本质。第四章从大众出版业运作管理角度分析问题产生的原因，重点从企业战略与组织架构角度，分析营销发行渠道的变迁解决了哪些问题，带来了哪些问题。第五章从教育出版、专业出版角度分析数字出版解决了哪些问题，没能解决哪些问题，又产生了哪些新问题。第六章重点对出版的商业性进行反思，以及为什么要坚守出版的文化性。

具体到其中的版权内容，共同之处在于都要在概念和理论方面补充相关知识，如规模效应与范围效应，以及相应合法经营的知识和内容等。不同之处在于，本科生侧重以下几点：（1）非法出版物（重点是侵权盗版产品）及其危害，以及为什么和如何做好版权保护；（2）为什么要进行版权贸易，以及版权贸易的基本常识。在《出版组织与管理》章节中，教师除了从法律监管、市场框架等角度给学生讲解教材中的非法出版活动与非法出版物内容外，还可以让学生结合提前发放的阅读材料，重点从what（现状如何）、where（在哪些出版领域和环节）、who（与谁密切相关）、why（为什么难以治理）、how（怎么办）角度展开分析、思考和讨论。通过充分讨论，帮助学生梳理出版权与技术的关系、版权与经营管理能力的关系这两条线索，促进学生进一步思考，加深对版权重要性与复杂性的认识。版权贸易这一章节，可以重点从数字出版冲击角度引入，呼应前面补充的原理知识（规模效应和范围效应），使学生明白单靠规模效应实现出版效益越来越难，需要结合范围效应，“一个内容多种创意、一个创意多次开发、一次开发多种产品、一种产品多个形态”，增强市场穿透力，真正实现“一次投入多次产出、一次产出多次增值的生产经营运行方式”，版权贸易就是实现这种市场资源配置以获取更高效益的最佳手段，然后再在此基础上结合出版业务讲解版权贸易的基本常识。

研究生阶段要重点以案例形式使学生深入认识到版权运营的重要性和基本策略方法，以及如何与出版业务结合起来有效运营。例如，授课教师在讲授《美国图书出版业的变革：1945—2005 年》章节内容时，提前给学生发放案例《为什么同一本书要出精装版和平装版?》[①] 和补充阅读材料《美国图书出版业的平装本》[②]，课上重点引导学生理解、认识版权运营原理和重要性。

规模效应和范围效应落实到出版实践过程中，除了让更多的人得到文化消费（社会效益）外，从版权运营角度，就是如何创造更多的利润（经济效益），即根据读者的喜好程度和购买力，在不同时空条件下利用不同形式和手段（如材质、媒介等），制定不同的价格，创造更多的利润。强调要想通过不同版本创造更多的利润，不仅需要书本身的内容好，还需要针对不同的读者定位，提高自身的经营管理能力，做好市场区隔，才能在满足不同层面读者需求的同时，创造更多的利润。引导学生认识到随着出版业的发展，越来越多的书出版了不同的版本，这越发意味着版权运营的重要性（精装本和各种平装本）。早期国外版本较多，随着信息技术和网络技术的发展，国内版权运营能力基本追赶上来（如电子版、

① 《为什么同一本书要出精装版和平装版?》，知乎网。

② ［美］阿尔·西尔弗曼：《黄金时代：美国书业风云录》，叶新等译，机械工业出版社 2010 年版。

音频版、课程版、定制版等)。

教师还可以适当补充相关延伸理论知识和内容，如河北大学出版专业在新闻传播学院下办学，授课教师引入了《麦奎尔大众传播理论》中媒介理论的主要议题四——空间和时间，“传播被视为有空间和时间的维度，人们的经验是被空间和时间所限制，传播为这种断裂提供了连接的桥梁”①，并请学生根据案例内容和理论知识举一反三。为了防止有些学生课前没有阅读案例材料和补充阅读材料，教师可以通过提问检查预习情况，并调动学生学习思考的积极性，例如针对《美国图书出版业的平装本》，设置情境性问题：假设你们公司想针对普通大众读者出版一套过了版权保护期的经典名著，领导让你选 100 个底本，你如何选，为什么？除了引导学生注意到版权的重要性外，还要使学生认知到版权是一种重要的经营管理手段。此外，如果学生一时不能举一反三、说出合适的案例，还可以提示学生，去观察得到 APP、喜马拉雅 APP 上的相关内容为什么在当当、京东网站上播放；或者结合相关新闻报道，给学生留思考题：从版权运营角度分析，樊登读书会为什么与掌阅和联通合作？等等。通过上述课程内容，不但为书业法律基础类课程打下基础，而且与版权类课程相互呼应，增强了学生对出版与版权关系的认知深度与广度。

二、交叉学科培养，提升学生认知能力

如前所述，出版专业版权方向的人才培养，需要交叉学科知识培养，需要整合吸收本领域与政治经济学、管理学、认知心理学、传播学等学科相关成果，并且本（侧重通用出版与版权知识＋大众出版、少儿出版知识）、硕（侧重通用出版与版权知识＋少儿出版、大众出版、教育出版知识）、博（侧重专业出版＋战略经营管理＋版权文化知识）分层次进阶式贯通培养，在现

① ［荷兰］丹尼斯·麦奎尔：《麦奎尔大众传播理论》，崔保国、李琨译，清华大学出版社 2010 年版，第 74 页。

有师资和教材不足以支撑的情况下，更加需要出版专业的教师自下而上地主动进行课程融通性改造，建设、完善、丰富教学大纲、教案和讲义，特别是着力深化讲义中的原理性、底层逻辑性知识，时机成熟时再出版教材，为学生终身发展奠定基础。

具体课程中，教师备课时要有机融合交叉学科知识，侧重构建出版与版权知识体系，注重各章节理论框架之间的逻辑关联性，在此基础上完善讲授体例和内容，理论知识讲授努力实现如下易于学生接受和掌握的模式与流程：现象关注—问题实质—原理讲解—案例分析—（对策建议）—引申思考。努力做到：(1) 横向有广度。课程内容涵盖足够的出版范围和领域。(2) 纵向有梯度。课程内容难易程度、课堂知识密集度适度，从简到繁，由浅入深。(3) 关联有深度。努力做到不同课程之间相互关联但不简单重复，相互支撑且有效融通。要以学生知识掌握、能力拓展为目标，采用任务驱动型教学法，结合真实出版案例和情境，调动学生学习的积极性和主动性，提升课程的接受度、达成度和满意度。研究生层面的教学，尽量采用出版理论教学+案例教学的方法，课前将章节知识要点、PPT、阅读材料发给学生，让学生有一定的阅读准备和掌控感；课堂梳理章节之间的内在逻辑关系，重点讲解原理和案例，加强师生互动，帮助学生理解；课后发给学生思考题或引申阅读材料，个别答疑，帮助学生理解掌握。

仍以研究生层次的出版学概论课程为例，在“数字出版”章节的讲解中，除了要有意加入版权本质与原理性内容外，近年来人工智能技术的发展，特别是 2023 年 ChatGPT 进入大众视野，给学生造成了极大的心理冲击，对出版的未来充满疑虑和焦虑。授课教师应积极回应学生的这种心理和专业诉求，主动查阅资料学习、归纳总结，并将其有效纳入课程内容，为学生梳理技术与出版、版权关系的线索，提升学生的思考力和认知能力。作为授课教师，笔者课前通过数字教学平台发放案例《为什么谷歌要收购著名的旅游指南出版公司 Frommer's》①，将新技术放到出版与技术关系史中，帮助学生更好地

① 《为什么谷歌要收购著名的旅游指南出版公司 Frommer's》，百道网，2012-09-12。

理解二者的关系，并针对该案例提示学生思考出版商的价值所在。

> 这些头部网络技术公司之所以收购传统出版商，是看中了传统出版商经由两个多世纪建立起来的内容资源和编辑技能，将其作为自身在未来互联网竞争中立于不败之地的核心竞争力。因为高科技的互联网要想给客户提供优质的服务并黏住客户，技术只是提供了可能的手段，客户的真正需求还是内容和信息。优质的内容和信息才是制胜的法宝。这也正是传统出版商的价值所在和未来的生存之道。

但以上内容只能缓解学生焦虑，要想最大限度地打消学生的疑虑，增强专业信心，还需要教师提前备课，跟踪研读相关文献，搞清数智技术的原理，特别是从脑神经网络和机器学习角度简要说明AI技术原理与局限，在此基础上，预测发展趋势与应用场景，总结使用方法与伦理规范，再结合发放的阅读材料（如《河北大学出版社与科大讯飞签署战略合作协议》等），引导学生认识出版与版权的不可替代性和重要性：随着社会转型，内容消费升级的需求会更加旺盛，图书这种系统、准确的知识会更有用武之地，除了读者直接购买阅读外，还可以作为其他媒体内容来源的支撑。当然，关键还在于出版机构自身的经营管理能力——手里有无版权，有多少版权，特别是高质量的版权，不适应的企业及其中的个体会被时代和技术淘汰。

河北大学出版社与科大讯飞签署战略合作协议①

> 2018年8月30日上午，河北大学出版社与科大讯飞股份有限公司战略合作签约仪式在我校隆重举行。科大讯飞股份有限公司AI创新教育业务线总经理丁一秋及项目组成员和河北大学出版社领导及相关人员共同参加了签约仪式。
>
> 科大讯飞股份有限公司是中国智能语音与人工智能产业领导者，在

① 《出版社与科大讯飞签署战略合作协议》，河北大学官方网站。

语音合成、语音识别、自然语言处理等智能语音与人工智能核心技术上较为突出，是我国唯一以语音技术为产业化方向的“国家863计划成果产业化基地”“国家规划布局内重点软件企业”，承担“国家高技术产业化示范工程”，是国家人工智能标准化总体组成员单位，并被原信息产业部确定为中文语音交互技术标准工作组组长单位，牵头制定中文语音交互技术标准。2017年入选了首批国家新一代人工智能开放创新平台，将建设“国家智能语音高新技术产业化基地”“语音及语言信息处理国家工程实验室”。

人工智能与教育融合发展已经成为教育改革发展的必然趋势。为了充分发挥技术企业和文化企业的各自优势，整合双方优势资源，推进相关教学设备和教材开发推广，更好满足国内教学单位的需求，河北大学出版社与科大讯飞股份有限公司经友好协商，将共同开发中小学《人工智能》系列教材。

这是国内首套体系较为完整的中小学人工智能教育用书，该选题已入选《“十三五”国家重点图书、音像、电子出版物出版规划》增补项目。该套教育图书的出版，将会推动我国人工智能教育的进一步发展，为培养学生的人工智能素养，实现人才培养的跨越式发展起到积极的作用。与科大讯飞公司的合作也将进一步提高我校出版社的行业影响和发展质量，将推动我校出版社在基础教育领域的出版水平实现新的突破。

在分析上述阅读材料时，授课教师重点提示学生，这篇新闻稿的重要信息和核心内容就在于这段内容：“人工智能与教育融合发展已经成为教育改革发展的必然趋势。为了充分发挥技术企业和文化企业的各自优势，整合双方优势资源，推进相关教学设备和教材开发推广，更好满足国内教学单位的需求，河北大学出版社与科大讯飞股份有限公司经友好协商，将共同开发中小学《人工智能》系列教材。”技术企业与文化企业各自有自己的优势，与技术企业相比，文化企业的优势是什么？肯定不是资金和技术，而是手里的版权合同、获取内容的能力，以及由此积累的在专门领域的市场资源和品牌影响力。

再以本科和研究生都开设的编辑类课程为例，从课程安排次序看，此类课程是出版概论类课程后续的专业核心课，在出版实践中，只有了解了出版的本质才能做好编辑工作。针对学生普遍感兴趣的IP开发，如何在有限的课堂时间内给学生讲解清楚，常识性的内容不适合在课堂上占用过多时间，要一带而过，快速进入IP开发重点和难点的讲解。即使是重点和难点，教师也要分层次进阶式逐步讲授。例如在本科出版学概论的实务内容板块课堂上，教师提前发放程震《从四个层面告诉你如何打造真正的IP》①，并引用文章原文开篇内容，调动学生的好奇心和阅读的积极性，“一个超级IP的打造并非一个好的创意就行，而是需要一整套体系化的工业流程，联合各方资源一起打造，但同时也有严格的IP运营手册去指引每个细节。这种工业化的IP管理流程，让成功经验可以复制”。在课堂讨论中，授课教师重点结合如下内容点拨和提示学生市场定位的重要性。

> 国内大多数所谓IP并未实现预想中的价值，主要就是因为缺少商业定位：受众是谁，受众有多大，受众背景是什么，他们想要什么，怎么触及他们，怎么让他们买单，他们消费能力有多强。商业定位清楚了，该投资多少、有多少回报就基本有了范围。不只是打造IP，打造品牌也必须思考商业定位，产品设计必须和人群定位准确匹配，由此才能设计美术风格和故事框架，设计音乐等艺术风格，以及多种媒介形式之间的互动。比如大量的二次元定位动漫，他们的受众群体其实非常小，群体消费能力更是有限，能赚钱才是奇迹。比如《魁拔》的动画电影拍了三部，花了很大力气设定了一个晦涩世界观，非常酷炫但只有成人才能看懂。然而，主角却是一个12岁的二次元造型，希望吸引二次元人群。最后结果是成人一看海报就没兴趣，进了影院的初中和小学生又难以看懂。

① 程震：《从四个层面告诉你如何打造真正的IP》，界面新闻，2015-12-23。

酷炫的设定，精美的画面，还需要准确的商业定位才可能实现。

本科书籍编辑学课堂上，教师则可以结合选题判断方法，并通过案例教学，综合文学、传播学、心理学等相关内容知识，给学生详细讲解具体如何判断一个故事的好坏，为版权开发运营打好专业基础。为此，授课教师重点节选整合罗伯特·麦基《故事的解剖》中的内容，开发了讲义《选题判断方法之侧重内容价值的判断方法》。

如何判断文学作品类选题，小说是同学们都熟悉的类型，小说中都有故事，如何判断一个故事讲得好不好，我们可以将其放在文学史的坐标里，衡量其继承性与创新性，做纯文学的研究性判断，你们已经学过中国古代文学史和现代文学史，自行理解与体会。我们今天侧重从创作和接受角度帮助大家理解和判断。

故事的要素：结构、结构与设定、结构与类型、结构与人物、结构与意义。①

1. 结构（统筹整个故事）

结构就是从人物的人生故事当中选取某些事件，撰写成有意义的情节，吸引读者关注，同时呈现某种特定的人生观点。

故事事件为角色的人生处境带来有意义的改变。这样的改变是透过价值取向来加以呈现和体验的，并且透过冲突加以实现。

故事价值取向，是人类经验共有的特质，它可能在一瞬之间就由正转负，或由负转正，比如生死、爱恨、自由奴役、真相谎言、勇气懦弱、忠贞背叛、智慧愚蠢、强弱、兴奋无聊。

改变：开始—过程—最后。（教师此处可以用学生熟悉的具体案例简要解读，或请学生简要复述一个故事）

① 主要内容节选整合自［美］罗伯特·麦基《故事的解剖》，黄政渊、戴洛棻、萧少嵫译，台北漫游者文化事业股份有限公司2014年版。

2. 结构与设定（辅助完成这个结构，即故事的手段）

故事的设定有四个方面：时代、持续时间、地点、冲突的层面。

时代是故事在时间里的位置。

时间的第二个含义是持续时间（故事经历的时间长度）。在角色的人生中，故事横跨了多少时间。

地点是故事在空间里的位置。

冲突的层面是故事在人类各种抗争体系中的定位。（教师此处可以用学生熟悉的具体案例简要解读，如麦家《解密》《人生海海》）

故事必须遵循自己内在可能的规则，因此，作者对事件的选择，仅局限于他创作出来的世界（时空）内部的可能性与或然性。（教师此处可以用具体案例简要解读，如马伯庸《长安的荔枝》）

3. 结构与类型

为了理解庞大的内容，人们设计出多种系统来整理故事，依据共同的元素将它们分成不同的类型。不同的学者对类型的定义不同，从传播学的角度，类型可以被定义为具备以下特征的内容范畴。①

（1）类型是由它的生产者（媒介）和消费者（媒介受众）所集体感知的形象。这种形象的认知（或定义）与以下三方面有关：目的（比如资讯、娱乐或其他类别）、形式（长度、节奏、结构、语言等）和意义（对现实的参阅）。这种认知是经过一段时间而建立的，并且人们从中发现了相似的习俗类型。形象中的文化形式是一直被保留着的，但这些形式在原始类型的框架内也能得到变化和发展。

一个特定的类型遵循着一种预测中的叙述结构或行动顺序，运用可预测出的图像，有一个基本主题及其变体的列表。

尽管学者对于定义与系统争辩不休，但其实读者早已是类型专家，读者在读每部小说之前，都配备了一套复杂的心理预期，这是他们从一

① 节选自［荷兰］丹尼斯·麦奎尔《麦奎尔大众传播理论》，崔保国、李琨译，清华大学出版社 2010 年版。

生的阅读经验中学到的。由于读者对类型的熟悉，作者必须面对这个重大挑战：既要满足读者预期，不让读者困惑与失望，同时还必须超越他们的期待，呈现新鲜、意想不到的情节，以免让读者觉得无聊。

现代流行的大众媒介虚构小说，也已经被证实在基本的情节上具有高度的一致性和类似性。常见类型有爱情、恐怖、战争、职场、武侠、幻灭、救赎、寻根等。

(2) 结构与类型间的关系：每种类型都有其惯用手法（独特设定、人物、事件与价值取向）。每种类型的惯用手法都会影响故事设计，如幻灭类型（励志类型）的苦涩（乐观）结局在高潮时，依惯例会出现价值取向的改变。幻灭类型的第一个惯用手法是主人公在开展故事时充满乐观，胸怀高尚理想或信念，对人生的看法是正面的。第二个惯用手法是负面的故事转折反复出现，起先这些转折会给他带来希望，但终究还是摧毁了他的人生观与价值观，让他彻底幻灭。这两种惯用手法为故事提供了无数种可能，因为人生有一千种通往灭绝的路。

对于爱情故事，男孩遇见女孩有惯用的事件。

爱情故事，我们该提的最重要的问题是：是什么阻止恋人相爱？聪明的作者会发掘出各种元素来阻止爱情。

故事转折反复出现的次数：雷德威描述了大量的女性言情剧（小说）在不同阶段的基本叙事逻辑，小说开始于女主角的烦忧不安，然后和一位贵族（总裁、皇上）男性开始对抗，经历了分离、言归于好以及性的结合，最后重建了女主角的身份。言情小说的叙述逻辑包括：①女主角的社会身份存在问题；②女主角与一位贵族男性（男主角）进行对抗；③男主角对女主角态度暧昧；④女主角认为男主角的行为是对自己只有性兴趣；⑤女主角对男主角的行为表示气愤或冷漠；⑥男主角用惩罚报复女主角；⑦男女主角在身体或心理上分离；⑧男主角对女主角很体贴；⑨女主角对男主角的体贴热情回应；⑩女主角把男主角的暧昧行为重新理解为伤害；⑪男主角向女主角示爱，表达了自己的坚定信念，并加倍地体贴；⑫女主角用感情回答男主角，或以身相许；⑬女主角重新建立了自己的身份。①

报酬递减法则：我们对某事的体验愈多，它对我们的影响也会愈小。（教师可以适当补充相关知识：悬念是对不确定性的感受，是在大事发生之前的感受。如何让悬念最大化，一直保留剧情反转的可能性，一部小说剧情的最佳反转次数是三次。②）

4. 结构与人物

人物不是真人，人物是艺术品，是人性的隐喻。

人物塑造是对人类所有可观察的特质的归纳，例如年龄与智商、性别与性倾向、说话风格与肢体动作、汽车与服饰的选择、教育与职业、个性与神经质、价值取向与态度等。这些特质的总和让每个人变得独一无二。这种独一无二的特质总和就是人物塑造，但不是人物（本色）。（作家、演员去体验生活，熟悉人物的生活习惯、肢体语言等，只能保证让读者或观众觉得不假，但并不能打动观众。呈现人生观点，获得人生意义，与其发生价值关联才能打动观众。）

人物本色：（人物不是静止的、表面化的）我们认识人物的唯一方法，就是观察他们在压力下的选择。一个人在压力下做出的选择，相对来说也展露了人物本色。压力越大，显露出的真相越深刻，这个选择也越贴近人物的重要本质。

选择的性质：它出现在两种封闭的情况之下，第一种情况是在两种无法兼得的善中做选择，第二种情况是两害相权取其轻的选择。人在压力下如何选择，代表他是怎样的人，压力越大，抉择反映出的本性也就越真实而深刻。

结构与人物的功能：结构的功能是提供不断上升的压力，迫使角色

---

① ［荷兰］丹尼斯·麦奎尔：《麦奎尔大众传播理论》，崔保国、李琨译，清华大学出版社2010年版，第316页。

② 参见万维钢《怎样优化悬念》，精英日课3，得到APP。

进入愈来愈困难的局面，而不得不做出愈来愈艰难的抉择。在这个过程中，他们逐渐显露出自己的本质，甚至是无意识的自我。人物的功能是将必要的角色特质带进故事，进而以令人信服的方式采取行动。简单来说，人物必须具有可信度：年轻或年老，强壮或软弱，世故或天真，聪明或愚笨，种种设定都要恰如其分。每个人物都将一组个人特质带进故事，这些特质让读者相信人物的所作所为是合乎逻辑的。(例如《人生海海》中上校蒋正南的选择)

人物的创作原则：人物必须引起同理心（审美认同），但未必要引人好感。引人好感是指好人缘。引发同理心的意思就是引发“我也是”的感受，读者在主人公身上看见了某种共同的人性。读者的情感投入是通过同理心来凝聚的。故事是生活的隐喻。由于同理心，由于与某个虚构人物之间的联结而得到间接体验，我们考验并延展了自我的人性，在不同的时空里，在生命的不同维度中，体验了不同的生活，勇于渴望并勇敢追求，这样的机会正是故事馈赠的礼物。(代入感）有些作者没有发觉“引起好感”和“引发同理心”之间的差异，不自觉塑造出好好先生，往往导致小说销量不佳，因为主人公有人缘未必能让读者投入其中。与主人公认同的互动模式包括联想式、钦慕式、同情式、净化式、反讽式等。

人物创作包含以下几种冲突：内在冲突（内在最深层的自我：身体、心智、情感)、个人冲突（情人、朋友、家庭)、外界—个人的冲突（社会中的个体、实体环境、社会体制)。主人公通过行动想得到期待的事物，这个过程（三个冲突的层面）产生的落差（期待与后果之间）越大就越有价值，越能引发人的同理心。(通过这一点同学们可以想一下，为什么一些很好的小说不适合改编成影视剧?)

某个事件彻底颠覆了某个人物生活的平衡（人最惧怕变化和改变，因为这充满了不确定性，而且人对损失的感受强于得到的感受)，无论改变是好还是坏，都会唤醒他内心自觉或不自觉的欲望。他渴望找到平衡，于是这个事件让他对抗各种冲突，展开“对渴望事物的追寻”。最后，他或许能够达成心愿，也或许不会达成心愿。

5. 结构与意义

意义是价值取向产生的剧烈变化，这个变化从正极到负极，或者从负极到正极，或许具有反讽意味，或许不具有反讽意味。正是这个改变的意义打动了观众的心，因为意义衍生美学情感。好的故事可以净化我们的心灵。

美学情感：所有艺术的源起，是人类心灵渴求通过美与和谐来对抗挫折与紊乱，渴望用创意使枯燥的日常生活恢复生气，渴求通过对真相本能的感觉与真实产生联结。这样的原始需求早在语言产生之前就已存在。故事就像音乐与舞蹈、绘画与雕塑、诗与歌，始终都是美学情感的体验，也就是思想与感受的交会。故事讲得好，就能赋予某种人生无法提供的东西，那就是有意义的情感体验。（意义的追寻）

故事自会告诉你意义，不要将意义强加于故事。不要从概念衍生戏剧行动，而是反过来从行动中产生意义。美好的故事设计是以下三种元素的结合——信手拈来的主题、充分发挥的想象力（对生活的敏锐而深刻的观察能力）、随兴却又能聪明地施展作者技能的心智。故事的结局是观众想要的结局，但不以他们期待的方式来呈现。（意料之外，情理之中）

伟大的作品是生活的隐喻，它告诉我们：人生即是如此。千百年来，传世经典提供给我们的，不是解决方案而是清晰的思路，不是答案而是诗意的坦率。

了解了上述内容，你们将来做编辑，就可以初步判断拿到稿件版权的可能性了，对其出版收益也会有一个较为合理的预期。

通过以上内容的分析讲解，当学生面对一部具体作品时，基本就知道如何判断是否适合出版了，特别是在决定接受稿件并出版的时候，也就知道如何给作者提修改建议了，而不是简单的我喜欢或我不喜欢式的表达。

到了研究生阶段，教师可以把上述材料提前发给学生，课上简要梳理主要知识点后，通过引入案例（例如河北大学出版专业师生2018年参访掌阅时，掌阅副总讲述了首届掌阅原创文学大赛的趣事：由于没有经验，评出来的第一名文学性太强，商业价值有限，经过充分讨论做出了艰难决定——坚持公平公正的原则，不改变这次的评选结果，从下届开始重新制定评审规则），请同学结合上述阅读材料，进一步从专业角度分析问题出在哪里，引导学生意识到版权开发离不开内容价值的判断及其背后的商业伦理。实践技术方面则重点从故事世界观的架构、人物设定等角度去分析，帮助学生较为深入地理解版权开发与运用。

同样是编辑类课程的实务板块，都要讲解编辑的信息工作，如何将版权开发与政策信息、社会信息、市场信息有效结合起来。本科教学时教师可以从教育部推荐的《中小学生阅读指导目录》引入（多为经典，学生大多读过考过，比较熟悉），并预留问题：公版书如何开发？授课时教师可以结合《经典传播与出版时机的选择》①，从出版时机开始进行讲解，然后给学生布置课下作业：观察目前上市的几家民营公司的公版书编辑出版策略。研究生阶段则可以结合编辑的素养与选题判断能力进行讲解，提前发放《文学编辑的阅读素养与选题价值判断力提升》②，从文学、心理学、决策科学角度让学生深入了解所谓编辑的直觉是什么，如何获得，然后在此基础上引入公版书开发运营策略。

三、保障人才培养模式的落实条件

出版专业版权方向的人才培养方案在充分调研过往毕业生、用人单位反馈及社会需求状况、学科专业特色和现状的基础上制定好后，还需要争取资源以作为保障。

---

① 杨金花：《经典传播与出版时机的选择》，《出版广角》2014年第18期，第13—15页。

② 杨金花：《文学编辑的阅读素养与选题价值判断力提升》，《编辑之友》2023年第8期，第72—78页。

用制度规范教学管理，保障人才培养质量。目前高校及其职能处室、学院都依据国家相关文件精神，制定了系列涵盖教学计划、教学运行、教学质量与评价、教学管理等教学全过程的规章制度，也都在学院层面成立了教学指导委员会、学术委员会，对学科专业发展规划、人才培养模式、教学改革、课程建设等重大问题给予指导和建议，并且在本科生和研究生不同层面实施了督学制，多所学校建立了校、院、系三级督学制度，本科层面还执行了院领导、系主任听课制度以及教师互听互评制度，确保教学监管常态化和制度化，较好地保障了教学秩序和质量，这些也同样为版权人才培养提供了共享共用的制度性保障。

用信息化监测平台、专业报告监控和改进教学效果。大部分高校利用学校教学质量监测数据库系统和购买的第三方专业评估报告来总结、评价、反思和修正教学效果。不断改进教学方法与教学内容，定期在本科层面、不定期在研究生层面举办教学研讨，针对出版生态变迁和出版融合趋势，依据高阶性、创新性、挑战度的“金课”标准，强化课程设计和资源整合，并通过鼓励教师参加信息化大赛或思政课大赛、申报各级各类教改项目、一流专业课建设培训等方式，改进和提升教学效果。版权方向的人才培养除了在此基础上提升人才培养质量外，还需要进一步整合资源，在现有评价标准下快速“露出”，从而获得更多关注和资源支持。

科研反哺，促进教学。高校人才培养，具有教研一体的特点，而且是交叉学科创新培养，因此版权方向的人才培养也要坚持以科研促进教学、以科研提升教学的方式方法，鼓励一线教师将最新科研成果应用转化到教学过程中，并将创新思维引入讲义、引进课堂，鼓励学生参与教师主持的课题，增加科研训练机会，形成科研与教学的良性互动。这就需要上级相关部门和高校在同等条件下，给予版权方向的纵向横向课题申报、课程推荐一定的政策性倾斜，在更大范围内形成引导示范作用，才能集合更多教研力量共同推进版权人才培养规模和质量。例如河北大学出版专业在学校和所在新闻传播学院的支持下，凝聚校内外学科专业力量，成立了河北大学版权研究中心、出版文明研究中心，获批了校级创新研究团队，短期内较为集中地产出了一批教研成果，并于2024年在新闻传播学院建制下，创办了有版权特色的出版学院。

第三节　教研一体，提升人才培养质量

除了有限的课堂教学时间，教师还要从学生终身发展角度培养其阅读能力、自主学习能力和发现问题解决问题的能力。

一、研发阅读书目，提升学生自主学习能力

针对现有教材知识体系陈旧，不足以支撑上述人才培养方案的问题，教师除了完善讲义内容，研发学科专业阅读书目也是提升人才培养质量的重要途径。因为读书是了解一个领域最简单最快捷的方式和方法[①]，特别是当我们选定一个新领域开展学习的时候。出版专业版权人才培养方向需要具有交叉学科背景的人才，而且无论学界业界，也都鼓励跨专业背景的生源报考、申请出版专硕和出版专博，但这就在人才培养过程中面临着一个实际的问题，如何让跨专业的学生快速进入出版与版权话语系统，如何让本专业同学进一步深化学习、提升认知深度和版权思维能力。需要我们开发研制阅读书目，然后根据不同培养方向要求和学生具体情况推荐相关图书。这样做的目的有三：（1）了解本学科专业领域的历史。这个领域的大“故事”是什么，大图景是什么，以前困扰人们的问题是什么，解决了哪些问题，又带来了哪些问题，现在大家最关心的是什么问题？使学生了解和理解行业发展、学术研究面临的主要矛盾和问题。（2）了解相关概念和术语。如果不懂其中的关键概念和术语，学生则无法跟内行顺畅地交流，无法真正理解问题本质。（3）发现感兴趣的知识点和研究的切入点，这既是刺激学生进一步思考和阅读的内

① 万维钢：《超人怎样学》，精英日课4，得到APP。

容，也是学生下一步研究和行动的方向。

研制版权专题阅读书目。阅读书目需要尽可能地涵盖经典书目和最新书目。国内出版教育开展较好的高校一般都有正式/非正式的学科专业必读书目，版权人才培养需要借鉴这一优良传统，研制开发版权专题阅读书目。例如河北大学出版专硕版权方向设置伊始，以出版导师组为主构建的数字版权创新团队，首先围绕“数字出版与版权研究”主题，初步收集整理了一份数字出版研究书目和一份版权研究书目，然后经过教师平时的阅读积累、学生的网络调研和快速浏览，指导学生围绕“数字出版版权”主题凝练出一份交叉阅读书目。[①] 然后教师再指导学生细读，在此基础上筛选出重要且与教研直接相关的10本著作，给出写作参考案例，让学生撰写内容摘要，既促进了学生的专业阅读，又锻炼了学生的写作能力。书单长期积累后，教师可根据教学进程和论文指导需要提供给不同需求的学生。在指导研发阅读书目的过程中，教师首先说明了研发的目的和目标，其次从工作步骤、途径、要求和注意事项等角度进行布置，最后从学习收获和报酬等方面进行说明。为了保障效果，指导教师选取两名学生同时研发，以便互相激励，2023年初步尝试即取得了较好的效果。

阅读书目的推荐使用。阅读书目的推荐使用也有相应的要求和策略，并不是全部发给学生，而是根据本硕博不同层次和具体教研需求推荐给学生，最大化地发挥其效果。我们可以借鉴国内外出版学科专业阅读书目使用方式：课上布置—课下阅读—课上讨论，以及定期或不定期地召开读书会（师生阅读分享、领读/校内校外专题讲座等多种方式）。河北大学出版专业除了上述方式，还采用了课程平时大作业方式，例如针对本科生阅读，在出版学概论课堂上，授课教师推荐的阅读书目主要以了解出版和增强出版认知为主。第一堂课即布置三本阅读书目——《我在DK的出版岁月》《老猫学出版》《文化商人：21世纪的出版业》，简要给学生说明推荐阅读理由后，即布置课程平时作业：制作一张思维导图，撰写一份书评。为了防止学生不读或交作业

① 见附录一：“河北大学数字出版版权阅读书目”。

前突击读，授课过程中教师有意引用其中的内容，或给学生布置思考题，例如引导学生从版权角度思考问题："为什么DK有个样张就能全世界卖版权，这样做的益处有哪些"，"DK卖出版权后为什么还要协助购买方微调相关内容"，"为什么DK破产之后还能活到现在，而且活得很好"，学生交上作业后还要通过课堂或线上教学平台及时交流、点评或反馈，鼓励学生不断提升阅读能力和学习兴趣。专硕层面的阅读书目可以将出版与版权类图书组合成不同的小书目，根据教研场景定期或不定期地发给学生，为学生及时解惑，使学生获得阅读思考的乐趣；专博层面的阅读书目强调系统性和阅读的自主性，可以适当增加阅读书目的数量，最终学生根据研究的细分领域，形成自己的阅读书目，完成博士论文写作的同时，养成自主发现问题、解决问题的能力。

二、加强过程指导，形成教育闭环

要想提升出版专业版权方向的人才培养质量，还需要任课教师投入更多时间精力，加强过程指导，在不同层面形成教育闭环。例如在本科专业课堂上，教师可以通过布置平时的大作业，让学生体会版权的重要性。例如河北大学2020级书籍编辑学的第一堂课，授课教师在布置完三本阅读参考书目（《编辑人的世界》《编辑忆旧》《优秀编辑的四门必修课》）后，布置的平时大作业为：

1. 关注某类图书（品类越细越好，至少三级目录及以下：如小说—外国小说—日本推理小说，文学—小说—侦探/悬疑/推理/品牌系列），调研（实体书店、网络书店、直播平台等）这类书的整体出版情况，并用数据呈现；阅读其中有代表性的作品。

或者找一部具有多种版本的图书：你更喜欢哪个版本，为什么？如果让你做，你想做成哪个版本的样子？（相似性模仿）如果你都不认可，你想做成什么样子，为什么？如果让你的榜样（你喜欢的名编辑或名人）做，他会做成什么样子？（对抗性创新）

2. 在以上调研基础上策划一个选题：以小组（3—4 人）为单位，为该选题撰写一份选题策划书、内容摘要和封面文案（每份作业末附小组分工、策划过程与反思，1000 字以内）。第 8 周课后统一交作业。

课程第二周，任课教师请来业界畅销书编辑做分享，在点评时特意提示分享中提到的一个内容点："新编辑很难拿到大作者的原创版权，小社的新编辑更是难上加难。我做新编辑时是怎么打破僵局的？通过多个渠道联系上作者后，他给了我一个田野考察的随笔集，社里肯定过不了选题，可出版不了这本，就难有后续合作。我想出来的办法就是，先让他口头授给我一个已出版的相关长篇作品的改编权，然后我自己压缩改编，把随笔集里的内容作为补充知识点，很'自然'地放进去了，再配上一些图片，在社领导的支持下做出了一本新书。在这个过程中，作者不但看到了我的诚意和能力，也对我们社产生了信任。"① 提醒学生选题策划与版权开发的关系，体会如何组稿和获得版权，才能将选题真正落地。第八周学生交上作业后，教师发现有些选题策划报告只是一个简单的想法，缺乏实操性，教师借助布置的阅读书目《编辑忆旧》中赵家璧策划出版《中国新文学大系——第一个十年：1917—1927》的内容，帮助学生深入理解选题策划，并从构思角度重点提示：赵家璧最初的想法是汇集"五四"以来百种文学名著，当他对这一选题意向做深入调查和冷静思索时，发现百种名著版权问题很难解决（此处教师还引用戈特利布《我信仰阅读》"编选集最困难的就是版权的授权问题"②，进一步证明和说明），策划者有无放弃，是如何做的？在选题内容调整时又遇到了哪些问题，如何解决的？然后利用课间时间分别给各小组提出完善建议。在再次交上来的作业中，一份美食类选题策划书《四方食记》，学生不但自己动手选出了作家作品，而且打出了篇目富余量，以应对联系不上作者或作者不同意

① 杨金花、韩伯如：《创作嵌入：版权竞争视角下的编辑组稿进程》，《出版发行研究》2024 年第 4 期，第 58—63 页。

② ［美］罗伯特·戈特利布：《我信仰阅读》，彭伦译，中信出版集团 2020 年版，第 341 页。

授权的状况。在最终提交作业前，教师又把2019级获得首届全国出版学科专业学生创新创业创意大赛一等奖的同学请来分享经验，在点评时特别提醒其中的一个细节：虽然她们参加的是“选题策划”类赛道，但指导教师让她们做出了样张——设计白模和立体模型，这样做的目的除了让评委在众多参赛作品中直观地了解策划内容外，也是让学生体会自己策划的选题有无可操作性、难度如何，这样在实际工作中，无论在公司内部申报选题还是外部约请作者，都能提高成功概率。在2020级最终提交上来的作业中，《特殊的朋友》直接写出了故事梗概，做出了样稿。经过这样的练习和指导，无论是2020级的学生，还是2019级做分享的学生，都提升了对选题策划与版权开发的理解和认知。

专硕层面的教学过程指导，应该在本科教学基础上继续提升学生的认知深度。例如河北大学的任课教师在本科生课堂请编辑分享畅销书经验时，也让出版专硕进行了旁听，并且提前给自己指导的专硕布置了作业，以版权开发为主题，围绕该案例撰写一篇科研型案例小论文或开发一个教学案例。作为指导教师，课后又把指导的专硕集中起来召开了一次组会：给学生讲清科研案例与教学案例的区别；在此基础上讲解如何选择案例、什么样的案例材料有可能成为科研创意的来源和素材，以及如何将其结构化（将三维立体的案例活动变成二维平面上的内容，最终一维线性表述清楚）地撰写成文章。此外，还要注意课程知识之间的呼应，训练学生综合运用所学知识解决问题的能力。例如，河北大学出版学概论的任课教师知道学生已经上过版权与版权贸易、版权前沿讲座、出版社经营与管理、数字出版与商业模式等课程，因此在布置本门课程的结课作业时有意提升了作业难度。

1. 研究对象：出版融合先进案例研究。选取标准：双效。可以从《出版业知识服务转型之路》、国家新闻出版署历年公布的《出版融合发展工程入选名单》中选取，也可以自己选择独角兽公司。

2. 理论依据：至少包含以下理论内容中的两种。

商业模式理论：可以参照推荐的阅读书目，如奥利弗·加斯曼《商业模式创新设计大全》（商业模式或其中的运营管理模式）。

战略管理理论：可以参照推荐的阅读书目，如迈克尔·希特《战略管理：概念与案例》（战略与组织落实）。

版权理论：可以参照推荐的阅读书目，如保罗·戈斯汀《著作权之道：从印刷机到数字云》。

3. 研究方法：以案例研究法为主。参照罗伯特·K. 殷《案例研究：设计与方法（第 5 版）》，或罗伯特·K. 殷《案例研究方法的应用》（第 3 版）。

4. 作业形式：教学案例或科研案例。

5. 字数要求：4000—5000 字。

学生交上作业后，教师择优让其分享，然后再请同学点评、提问或质疑，在此基础上教师给予进一步完善意见。学生交上来的作业中，2022 级出版专硕刘哲熹的教学性案例——《掌阅如何求变生存》，其案例主体无论大题目还是小标题，少有版权字样，但处处离不开版权运营。该案例选取移动阅读领域的先行者——掌阅科技，首先通过案例呈现其如何抓住移动互联网大背景下数字阅读发展的先机，以及如何靠整合版权资源和拓展渠道资源调整商业模式，从而在激烈的市场竞争中保持优势地位；其次通过思考题设置、启发性问题设置、问题探讨和理论分析进行分析讲解。可以看出，该生真的学懂、学透了相关知识，真正做到了不但在一门课和不同课程之间完成了教育闭环，也为更大范围内的教育闭环打下了较为坚实的学术训练基础。

一、案例主体（略）

二、思考题

1. 掌阅科技前期的盈利模式是什么？

2. 掌阅科技为何在前期相对其他阅读软件有较多的用户？这些用户都是来自哪里？

3. 掌阅科技欠缺的核心竞争力是什么？

4. 掌阅科技改变营销战略以后是什么样的经营模式？这类经营模式是否在每个时期都可以使用？

三、启发性问题设置

1. 掌阅科技数字阅读软件在实施新的战略之前为什么用户越来越少？

2. 掌阅科技除了与其他公司竞争免费阅读人群，还可以通过什么样的方式让其赢利？

3. 面对众多免费阅读人群，掌阅科技实施什么样的战略可以提升免、付费转化比？

四、问题探讨和理论分析

1. 渠道的重要性。在科技快速发展的时代，不同行业的发展速度不同，但是市场营销中渠道的重要性一直处于重要地位。美国学者麦卡锡提出的 4P（Product，Price，Place，Promotion）理论至今广为流传。渠道作为其中之一，在营销过程中起着价值传输作用。创造价值和传递价值是企业生存发展的基础，创造价值通过产品来直接实现，而除了直销模式，企业往往并不直接面对终端客户，这时传递价值便由“渠道”来完成。企业应在价值链条上建设渠道，使渠道变成价值增值的入口和共赢的桥梁，而不是差价中间商。企业首先应明确自身价值定位和价值主张，并基于价值主张找准目标客户。掌阅科技最初的想法就是通过与各大手机厂商签约，在手机激活时就预装掌阅手机阅读器，在智能手机刚刚普及的时代，通过打通手机厂商建立自己独特的渠道来抓取第一波流量，在当时已经先人几步。掌阅的付费阅读加上广大的撒网可以确定用户目标人群。这一类人基本是掌阅最初设定的线上图书消费人群。掌阅科技在早期就比其他厂商先一步确定了消费人群的特点和消费人群的范围，在数字阅读萌芽时代，这样的战略几乎没有缺点。

2. 数字阅读的核心竞争力是版权获取及其内容质量。早期的掌阅科技已经积累了很大一部分初始读者，这一类读者基本愿意为掌阅科技的付费阅读买单。但随着其他各大厂商的加入和电子阅读软件的崛起，许多厂商知道，自己通过新机装软件来获取客户已经无法达到掌阅科技获取资源的效果，所以在此基础之上选择通过提升内容质量来加强品牌竞争力，阅文集团即通过这样的方式来获取更多的用户。

3. 订阅制的商业模式告诉了我们企业如何赚钱。订阅制比较厉害的地方就在于一定程度上削弱了人们对目标的选择。到期自动续费会让人们对财政支出的概念削弱，若是每月到期之后需要人们手动续费，这样一定会流失一部分客户，订阅模式让人们默认选择留下。掌阅科技的付费模式转变，正是由订阅模式的启发而来。订阅制转移的是商品、信息、所有权、金钱，在这种订阅制渠道中，信息不是用户主动选择，而是用户被动选择，信息开始周期性流动。订阅制连接的是生产者和消费者，和消费者的这种“弱承诺”关系，提高了对于上游生产者的控制能力。在掌阅科技的今后经营中，订阅制依然是其主导的商业模式，面临众多对手如何保持领先地位，时刻适应生态是唯一的答案。

三、教学相长，提升人才培养质量

要想提升学生的版权思维，还需要教师及时吸收国内外最新研究成果，将其中的主要观点和理论框架进行拆解，融入出版业发展问题中，升级改造现有课程，帮助学生更好地理解和吸收。例如 2023 年 6 月 8 日在深圳举办的首届文化强国建设高峰论坛上，中国版权保护中心孙宝林主任提出“三权分置”的数据产权制度框架、版权保护的“三品五权”理论体系，河北大学出版专业的多位教师及时转发给学生研读学习，书籍编辑学课程的授课教师还结合授课内容吸收其中的观点，如作品—产品—衍生品的版权开发与运用，启发学生如何在选题策划之初就做好版权开发规划，避免瑕疵，并鼓励学生结合具体出版领域，进一步调研思考，撰写成学年论文或作为毕业论文选题，提升发现问题、解决问题的能力。受这一新成果启发，授课教师将新发现的企业版权实践和版权市场竞争中存在的问题重新进行归纳总结和理论解读，形成教学案例，在此基础上进一步凝练提升，撰写成论文《创作嵌入：版权竞争视角下的编辑组稿进程》。在投稿发表之前，将主要研究结果引入授课案例分析之中，又启发了学生，有的学生将选题策划作业中所做的市场调研材料重新梳理，将其中的零星版权内容梳理出一条写作分支线索，重新融入专题细分领域的研究中，撰写成一篇质量较高的本科毕业论文。

在教研实践中探索高质量版权人才培养模式。随着数智技术的发展，出版业不断涌现出新的业态方式，同时每次新业态的兴起，经常会伴随大量侵权盗版现象的出现，传统出版企业对版权认知相对保守，对版权及其市场效能认知不充分，多局限于常规业务流程及其现有岗位常规工作，整体侧重被动性防护，对版权开发及其在市场竞争中的杠杆作用认知和运用不足。新兴数字出版企业对版权效能认知较为充分，但在发展过程中屡屡受到批评，从版权发展史及其合法性角度衡量，其中一类批评是出版变迁中一直存在的旧批评，主要表现为野蛮生长；一类是新批评，主要表现为改变了现有权益格局。如何将这样的认知有效地教授给学生，特别是在产业形态还不稳定，处于动态发展的过程中？除了课堂讲解，学科专业教师还可以通过带领学生参与自身科研工作的方式共同发展，因为人才培养本就是科研产出的应有评价方式之一。尤其是一些新兴细分领域，教师不仅要面对研究领域陌生化的问题，而且还面临着由年龄、知识结构等造成的心理畏难问题。青年学生更易接受新知识，而教师具有学理性知识储备，因此科研性论文的指导和合作撰写是一种良好的教学相长式的人才培养模式。这种模式不但有助于培养学生的创新能力，也有助于教师知识体系的更新换代。例如笔者和指导的硕士研究生，利用学生所学出版、版权、传播知识，结合其熟悉的互动电影游戏领域，合作撰写和发表了《互动电影游戏失范行为与版权保护路径探析》①。在合作过程中，首先，笔者提出选题和基本框架结构，然后由学生撰写初稿；

① 见附录二：“互动电影游戏失范行为与版权保护路径探析”。

其次，笔者根据初稿微调框架结构，补充版权知识；再次，学生在笔者的批注和修订基础上继续完善结构，增强解读的学理性；最后，共同修订文字和格式。这一合作方式和合作成果，在学生申请博士研究生资格时获得了外校导师的充分肯定。

第四节　产学深度融合，创新人才培养微观模式

要想提升出版专业版权方向的人才培养规模和数量，只有政府层面的支持和高校的努力还不够，还需要业界的深度参与，创新微观培养模式。

通过上面的论述可以看出，目前高校师资缺乏并不只是人数少的问题，教学内涵有待提升也是问题之一。调研显示，由于缺乏与产业的深度融合，一些高校中没有业界背景的教师其授课内容与行业需求脱节，超过学校所教理论知识与现实需求之间的正常差距。即使那些有业界经验的教师，由于近十年出版生态发生重大变化，其讲授的知识内容跟不上产业发展需求，在科研创新上也逐步进入瓶颈期，难以产出高水平的科研成果，难以承担构建自主知识体系的重任，也为人才培养埋下了隐患。之所以如此，除了现有政策执行不到位外，高校人才引入机制也是原因之一，直接的一点就是年龄、学历、科研等方面的高要求“阻断”了学界业界之间的“旋转门”，懂出版的业界人士难以真正进入高校，高校教师则不愿投入更多精力关注行业实际变化与需求。这就需要我们在现有条件下创新发展版权方向人才培养模式，才能培养出高质量的版权人才。

经过调研和访谈，我们发现，事实上国外相关专业专任教师也不多，多是聘请校外业界人士担任业务课程主讲，例如美国佩斯大学[①]，其中的关键则在于如何设计课程体系，以及调用和管理业界资源。从形式上看，我国出

① 范军、欧阳敏：《比较视域下中外编辑出版教育的发展路径》，《出版广角》2020 年第 2 期，第 6—11、16 页。

版专业也都在产教融合方面做出了必要努力，典型表现就是出版专硕都实行了双导师制；高校经常聘请业界专家进校园讲座，高校教师也带学生定期到企业参访。但从教学安排的科学性和规范性维度深入考量，就会发现有些校企合作松散，浮于表面。例如，有的专硕从来没有见过业界导师，业界导师只是挂名；有些业界导师的讲座更类似于所在企业的宣讲和自身工作经历介绍、经验分享，缺乏学理性；有些业界专家的讲座内容或过于宏大，或过于具体，难以吸引学生的注意力；有的企业参访流于走马观花，缺乏目的性和针对性。

对于如何改善现有合作模式，我们可以在借鉴日本出版教育经验①的基础上，从高校方和企业方分别创新人才培养模式，并从数字实践教学平台建设机制方面进一步保障，调动校内外各方积极性，并形成良性互动。

一、校方：请进来—走出去—走进去—走回来模式

这种模式重点是学校方如何有效推进校企合作模式，保障产教深度融合。

请进来。传统业界专家进校园之所以有时效果不够好，主要是整体缺乏教学设计和精细化教学管理。过往之所以发生高校花费大量时间、精力和财力聘请业界专家进校园，但最终却需要教师强制学生签到才能勉强坐满教室的尴尬场面，除了聘请的专家本身水平有限外，很重要的一点是相关负责人或授课教师缺乏把关，未将学术讲座与教学授课区分开。教学授课不同于学术讲座，不能简单用开阔视野、听听就比不听强来衡量或塞责，需要授课教师根据课程体系和具体授课内容，提前与业界专家沟通授课内容和要求，遇到学生知识体系外的内容，教师要及时以适当形式给予互动、解读和补充，而不是专家讲完后只进行简单客套的总结。这就要求高校专业负责人认真遴选进校园授课的业界专家，保障合作的长期性和稳定性，任课教师才愿意花费时间与专家充分沟通交流，专家也愿意按照高校教学大纲要求备课，并不断补充丰富内容和案例，而不是想讲什么就讲什么。例如河北大学出版专硕

---

① 陈雅赛：《全媒体时代日本出版教育探索》，《出版发行研究》2020 年第 1 期，第 91—92 页。

的出版物编辑与制作课程，自专业创设以来一直由河北大学出版社的历任（副）总编辑和本专业教师一起开设讲授（最早课程名称为图书选题策划），双方充分沟通后再分工，较好地保障了教学秩序和教学效果。在此经验基础上，考虑出版专硕版权方向的课程开设时，导师组决定开设一门版权前沿类课程，引入的业界专家以讲座方式让学生了解前沿问题和内容，这就涉及“拼盘课”教学内容的关联与衔接，以及如何保障教学质量的问题。经过与课程负责教师和业界导师充分沟通，彼此克服困难，在内容安排和授课顺序上尽可能地保障了知识体系的相对完整性和学生接受的顺畅性。

走出去。很多高校的实习实践基地之所以形同虚设，是高校除了签订协议、聘任导师等双方领导主导的仪式性活动外，专业教师与企业具体业务人员缺乏联系和互动，一旦双方领导没时间和精力推进或督促，教师个人难以主动联络对接，带领学生走出校门到企业参访。这就需要高校在规范管理的基础上进行精细化管理，帮助任课教师对接到企业具体业务负责人，并形成常态化、机制化的行政资源和财务资源保障，任课教师才能按部就班、有条不紊地按照教学计划主动带领学生定期走出校门，才能把实践实习工作落到实处。

走进去。虽然教研一体有利于调动教师的积极性，提升人才培养质量，但在实际人才培养工作中，专业负责人仍要注意把握其中的重点和区别。因为对于教师而言，需要不断了解新的业界实践经验，发现新现象和新问题，因而企业参访中教师会有意无意地以满足自身调研需求或科研好奇心为主，而一旦搞清楚一家企业的基本情况后，短期内教师不会再带学生到该企业参访。这样的企业实习实践很容易变成教师的调研走访活动，学生成为旁观者，企业也难以针对学生需求精心准备，系统化安排实习实训内容。出版实践教学要想真正走进企业，需要教师对自身的调研和参访做适当区分，以学生为中心，以重点实践教学内容为切入点，站在学生角度提前与企业沟通好，并且长期合作，企业才愿意投入人力物力准备和接待，学生才会更有收获。

走回来。学生到企业参访特别是实习，要有教师指导，要有总结反馈，要回到课堂所学知识，形成不同层面的教育闭环，才能更好地保障学习效果。实习实践前需教师引导学生通过网站、公众号等了解参访实习企业的基本情况，体验其主要或代表性产品；实习实践中教师除了带队参与讲座或培训，还应组建社群引导学生主动交流分享，及时总结反思，并用专业知识帮助学生解读实践中的收获或困惑，鼓励其进一步观察、尝试与思考；实习后及时与对接企业负责人交流或回访，组织召开小型交流分享会，引导学生主动用所学知识分析、归纳收获与不足，加深其对所学专业知识的理解。

通过以上论述可以看出，要想真正落实这种模式，保障人才培养效果，关键就在于高校要认真遴选合作企业，与合作企业稳定合作，探索多样化的微观合作运营模式，这样校企双方才可能彼此投入更多时间和精力深度沟通与磨合，找到更适合的人才培养方式，学生才能更加受益。例如，河北大学出版专业与中华书局的古联公司自 2019 年签署共建实习实训基地协议以来，首先通过古联的线上智能整理工作平台快速开展了几个大型项目的编校合作，彼此增进了了解和信任。在此基础上，从教研一体出发，利用古联的技术平台、内容储备和版权资源，在学院支持下，整合本专业和学院其他专业具有文史哲教育背景的教师，合作开发专题研究数据标引平台，推进合作深度，加深了对数字出版的理解，初步了解了人工智能原理及其在出版业的应用现状，以及商业应用的瓶颈问题等。2022 年又从本科古籍整理课程入手，进行理论、实务、方法论教学融通性改造，将这门课更名为古籍整理与数字出版，根据新课程教学大纲，聘请古联的五位专家，分别从古籍整理数字化概论、古籍整理及数字知识产权、古籍数字化产品设计、古籍数字化标准建设及汉字处理、古籍文献在线编纂等方面授课，使其有效嵌入课程体系。考核方式也由闭卷考试变为开卷考察，要求学生从一部纸本古籍图书做起，设计一个数字产品，将版权开发运用知识有效融入出版业务。经过业界导师与本校任课教师的指导与点评，学生知其然且知其所以然，在专业方向感、获得感以及个人学习主动性等主观评价方面都得到了积极反馈。

二、企业方：走进去—引过来—留下来—送回去模式

这种模式的重点是企业方如何有效推进校企合作，解决自身人手和人才匮乏问题。

如前所论，出版企业的版权人才过往主要通过社招和企业内部培养，但新的趋势是企业目前越来越把目光投向人才培养的上游，迫切需要高校能够“批量”培养具备版权运营能力的人才。因为当下企业自己培养不但周期长、成本高，而且如果考核和激励机制不到位，或职业晋升空间不足，这样的人才也难以留住；并且更为现实的问题是，企业通过现有招聘模式花费时间和精力招进来的人，实际效果并不理想，原因就在于一些出版企业缺乏相关理论知识。按照中国人民大学人力资源专家李育辉的总结提炼，现有招聘模型主要有四种：人—岗匹配模型、人—人匹配模型、角色匹配模型、潜力匹配模型。[①] 人—岗匹配模型是一种传统的招聘方式，是目前出版企业常用的招聘模式，这种模式需要“识人”和“知岗”后才能做出合适的模型，但在出版生态不断变迁的环境下，企业很难清晰地描述和界定，常常导致最终招进来的人并不是真正懂出版且热爱出版的人；企业内推其实就是人—人匹配模型的主要思路，它依据物以类聚、人以群分的朴素认知招聘人才，虽然招聘成本低，但也容易导致人才类型单一化，不利于出版企业人才需求的多样性要求；角色匹配虽然简化了招聘模型，招来的人经过简单培训马上就能上岗，但很可能缺乏发展潜力，特别是出版与版权这样需要创新能力的工作；潜力匹配模型是基于企业发展战略的人才招聘模式，即招进来的人不一定能马上产生绩效，但其具备终身学习能力，能较好地理解他人想法、与他人合作，且心智成熟，善于把别人的反馈和工作中的难题看作是成长机会，这种模型的思路是基于企业发展战略做人才储备，需要企业做好当下与未来的平衡。

实践中怎样才能在不增加企业招聘成本和负担的情况下招聘到适合的人才呢？目前新的趋势是企业主动与高校合作，采用走进去—引过来—留下

① 李育辉：《怎样才能找到最合适的人》，组织行为学，得到 APP。

来一送回去模式，有效匹配，同时满足企业和高校诉求。所谓走进去就是企业根据自身发展需求，主动遴选具有出版专业版权方向培养资质的高校，然后根据自身发展对相关业务岗位人才需求的迫切程度，输出高水平业务人员作为师资，主动参与高校人才培养方案制定、课程内容设计与讲授；再通过具体项目或工作岗位，把学生引入真实的出版与版权工作现场，在实习和实践中培养和发现真正适合的人才，然后努力将其留下来，不适合或不愿意留下来的学生，再送回学校。这种模式可以说是综合了上述招聘模型优点后的落地版。

目前一些企业开设的工作坊实际采用的就是这种模式。这些工作坊有专人负责，通过常规性项目设计，从容易入手的基础运营岗位到相对需要独立工作的策划性、拓展性岗位，在相对较短的周期内完成逐级培训和遴选工作，不但直接解决了人手缺乏问题，而且降低了人才招聘的成本和风险。高校之所以愿意参与并积极配合，原因在于这种方式不但在较短时间内使学生较为深入地了解和体验了出版与版权实际工作，学到了课堂上没有的知识，而且也部分满足了学生职业规划与就业指导的诉求，在保障实习实践效果的同时，也相对减轻了高校教师在实践教学方面的时间和精力投入。

通过以上论述，我们可以看出，高校在合作企业或企业的工作坊遴选方面需要精心设计和严格把关。这样的合作是深度的合作，其中蕴含着大量发展变化中的具有规律性的隐性知识，如何发现、确认和提炼这种规律性的知识，需要校内外导师的教研素养支撑，防止收到适得其反的效果。例如在过往数字出版方向的人才培养过程中，一些高校也邀请数字企业的工作人员前来授课，并带领学生到企业实习，但学生反馈并不好，原因就在于企业授课人员执着于“真实”出版工作环境的呈现，实则只是呈现了一些发展过程中的现象，不做或不能做专业性原因与原理的解读，或流于具体生产环节的介绍，学生从事的多是数据标引、清洗等枯燥的基础性岗位工作，缺乏系统性、整体性的讲解，更缺乏与学校理论知识的关联与演进关系的解读，导致部分企业人员误导学生产生“出版工作无聊、浪费生命”“出版没前途”“学校课堂知识没用”的想法。

因此，在版权人才培养过程中，合作的业界实习基地类型和导师的选择至关重要。特别是数智时代，传统出版企业处于转型过程中，新型民营出版企业对接人员不稳定，高校要想真正提升人才培养质量，需要跳出传统思路，认真遴选合作的业界机构。例如河北大学在与古联公司合作开发标引平台过程中，发现其业务拓展模式超越了传统出版企业业务拓展模式。教师将接触中零星散落的隐性知识进行初步提炼，融入数字出版业务开展模式讲授中，从产品经理—主管领导—技术负责人—运营服务人员接触客户顺序，到技术输出（通用技术与专利技术）—内容输出（版权内容与储备内容）—经验输出（市场拓展与售后服务：教研经验交流与人才培养）模式，帮助学生理解书本知识的同时，锻炼其运用专业知识发现新现象、解读新现象的能力。在此认知和合作经验基础上，河北大学出版专业顺畅地与中国版权保护中心展开合作，因为中国版权保护中心不只是数智时代版权问题集中解决与呈现的专业综合性平台，而且背后有高水平团队支撑，输出的内容知识鲜活且相对集中和系统，与高校教学知识体系对接顺畅，这样才能真正反哺教学，开发出系列高水平版权类课程，在教材讲义方面实现系统性突破（目前已初步规划在 3—5 年内开发六部教材，涉及版权史、论、务三大版块），相应的课程体系也才可能真正实现内涵性升级改造，提升人才培养质量。

三、做好实践教学平台建设机制研究①

组织决策理论表明，一项新的政策或决策要想成功落地实施，首先要考虑不同主体、个体间利益和身份的不一致性，要在信念、信任、注意力等方面初步达成共识，其次才是如何行动的问题。实践教学涉及校企双方，特别需要满足学校、企业中教师、学生、工作人员的共同利益诉求，才能调动起双方的积极性，才能真正将这项工作落到实处。而且按照经验学习理论，理解新事物的思路之一就是适应和结合，这一思路“假定存在某种过程，老元

① 本部分内容多由笔者和课题团队成员刘燕飞老师讨论而成。

素相互结合产生新元素，组织研究中的经典例子是规则程序或事物从一个地方传播到另外一个地方，与那个地方已有的规则、程序和实物互相结合”①。以目前发展阶段看，数智出版主要涉及存量知识的重组开发与流程再造，以及在此过程中逐步推动企业进行战略升级与组织架构重构。因此，将数字实践教学作为版权方向人才培养的接触点，进行校内校外双平台机制建设、激励机制建设、平衡机制建设尤为重要。

校内校外双平台机制建设。首先，双平台建设是应对高校和企业在观念、设备等方面现实差异的有效办法。高校即使再在软件硬件设备上跟进，也难以跟上持续不断的技术迭代升级速度，与业界需求也会存在现实差距，因此，实践教学可以分层分阶段展开，较初级的任务可利用学校教学和实践资源在校完成。企业特别是头部企业相比较而言，不但拥有大规模、基础性、前沿性设施，而且在数字技术领域已经摸索出较为成熟的业务模式，并且一直处于创新状态，能快速提升学生的眼界和社会适应能力。这样，从文字处理、图像处理、数据处理技术到 AI 技术、云端技术相对应的软硬件系统、技术获取程序，以及创意创新创业精神的培养在校内校外双平台上有了递进式的发展机会。其次，双平台建设关照学生生活消费的现实差异。业界头部企业集中在一线城市，学生赴企业实习生活成本较高，需要增加租房、通勤、餐饮等费用的投入，高校还要与企业沟通相关事项，合作相对复杂化。通过数字实践平台可以完成的任务，如果学生在学校利用课余时间来做，对于纯消费阶层的学生来说更具有可实现性。如果提供双平台，使学生自主选择到企业开阔眼界，还是留在学校利用课余实习，将会大大提升平台的利用率。再次，双平台建设能够解决任务难度差异化问题。业界面临市场考验，激烈竞争中需要的管理能力、协调能力、创新能力、执行能力等都不是在校生马上就能担任的，而且学生投入的稳定性和贡献的创新性有限。指导教师和企业相关负责人可以先在学校培养学生的初级任务完成能力，再从中筛选能力、

① ［美］詹姆斯·G. 马奇：《决策是如何产生的》，王元歌、章爱民译，机械工业出版社 2021 年版，第 81—85 页。

品质、兴趣与企业需求相匹配的学生，去完成更有挑战性的进阶性任务，这样效果会更好。

激励机制至关重要。事情需要人去做，不同的人、不同的投入会使结果大相径庭，为了确保实践平台的利用成效，校企双方应成立专家组和工作组，制定、完善合作规则，机制中应包括共建师资、共建课程甚至共建专业的详细责权利规定，相应的利益分配是机制考量的重点，无论是教师还是学生，利益分配的失衡会使合作机制失效。首先，增强学生激励机制。例如学校和合作单位设置特定奖学金，给予实习表现优秀的学生以物质鼓励，起到榜样激励作用。其次，增加教师激励机制。例如设立科研型和教改型课题。再次，增加企业相关负责人激励机制。例如购买企业产品或服务，共同编写教材、申报课题等。最后，为了使落实到人的评价机制能够真正发挥作用，实践平台建设机制必须常态化常规化，工作小组要具体到人，要做好过程管理。

规范性与灵活性的平衡机制建设。精细化管理就是斟酌、把握、平衡好机制的规范性和灵活性。规范性不是固定不变的，要与灵活性相结合，因为合作者不同，阶段性工作任务不同，平台机制应能够及时调整，特别是要为学生个性化选择设置中途退出机制。规范性和灵活性的平衡可以是实习的形式，先集体培训和尝试完成几个简短任务，如果学生觉得与自己的发展不一致，不喜欢，则不必加入；一旦加入，中途不再允许随便退出，如果有充足理由退出，需要校企双方负责人通过，并且不能得到学分。此外，还要加强共同体情感共联建设，产教、校企是共同体，若要协作顺利，需要个人对群体抱有归属感，人文关怀和情怀就是其中必不可少的润滑剂，共同体的情感体验也是合作发展中不可忽视的地方。

下 编

案例教学研究

第四章　案例研究与版权教学案例研发

案例研究和案例教学是出版与版权教研活动中，特别是产学合作育人中经常采用的方法，因此我们此处再辟专章加以研讨。它们主要通过选取实践中真实发生过的典型事件，叙述呈现其中的问题情境、关键机构（包括其中的人物），及其事件发生、发展的过程和结果，来探讨案例产生的原因和影响，并通过一定的分析和反思来归纳提炼或体现一定的理论与规则，帮助我们进行思考、说服和教育。案例研究和案例教学的作用不同于举例，举例只能使我们的观点得到更清晰的揭示和说明，并不能证明我们提出的观点或理论，这意味着无论是案例研究还是案例教学，其中都包含着行为—结果链的内容，在脱实向虚的过程中，我们除了寻找其中的最优规则，还需要用叙事、模型或者理论等方式阐述出来，这样才能更好地指导以后的行动。

第一节　案例研究

一、案例研究的性质与类型

案例研究是一种社会科学研究方法，目前被广泛应用于各个领域，帮助我们研究了解复杂的社会现象。案例研究是一种实证研究，“需要通过多重渠道收集资料，并把所有资料汇合在一起进行交叉分析，因此需要事先提出理论假设，以指导资料收集和分析”①。与社会科学领域其他研究方法相比，它天然具有社会实验属性，“能避开理论建模和大样本统计分析的过度简化偏差”②。根据研究问题的类型、对研究对象的控制范围和程度，以及研究的重心，案例研究更适合以下三种情形：（1）主要问题为“怎么样”“为什么”；（2）研究者几乎无法控制研究对象；（3）研究的重点是当前的现实现象。③由此可见，案例研究的本质或核心意图在于“展现一个或一系列决策的过程：为什么做出这一决策？决策是怎样的？其结果如何？”④ 案例研究有不同的用途，其中最重要的是“解释现实生活中各种因素之间假定存在的因果联系”⑤，即“通过展示一定社会内部之运动变化的因素、张力、机制与逻辑”⑥，以期深入理解人们在现实世界中的行为、目的和含义，对于丰富人们的认知以及提升理解能力具有重要价值。

案例研究分为科研性案例研究与教学性案例研究。尽管案例研究领域专家罗伯特·K. 殷认为，教学性案例与研究性案例明显不同，因为教学性案例的材料都是“精心处理的，以便更有效地突出某一关键之处”，这样的行为在研究性案例中“是被严格禁止的”⑦，而研究性案例主要是构建新理论，特别是“萌芽理论”，但我们认为二者实为一体两面的关系。首先，他们都需要研究，只不过科研性案例研究更强调自下而上式的研究、教学性案例研究更强

---

① 罗伯特·K. 殷：《案例研究：设计与方法》（第5版），周海涛、史少杰译，重庆大学出版社2017年版，第22页。

② 《首届“中国专业学位案例日”活动在京举行》，“教育部学位中心”微信公众号，2023-04-14。

③ 罗伯特·K. 殷：《案例研究：设计与方法》（第5版），周海涛、史少杰译，重庆大学出版社2017年版，第4页。

④ 罗伯特·K. 殷：《案例研究：设计与方法》（第5版），周海涛、史少杰译，重庆大学出版社2017年版，第20页。

⑤ 罗伯特·K. 殷：《案例研究：设计与方法》（第5版），周海涛、史少杰译，重庆大学出版社2017年版，第25页。

⑥ 陈涛：《个案研究“代表性”的方法论考辨》，《江南大学学报（人文社会科学版）》2011年第3期，第64—68页。

⑦ 罗伯特·K. 殷：《案例研究：设计与方法》（第5版），周海涛、史少杰译，重庆大学出版社2017年版，第26页。

调自上而下式的研究而已。其次，尽管研究性案例侧重实证主义范式、教学性案例侧重诠释主义范式，但教学性案例研究往往以研究性案例为基础，如在案例正文呈现部分虽然更强调描述性内容，但其困难同样来自确定主题所覆盖的范围以及细节的详细程度[①]；在案例使用部分的“问题探讨与理论分析”中虽然更强调分析和解释，但其挑战同样来自因果推理过程的可靠性。[②]最后，原创教学性案例研发本身就包含了研究性案例的研究过程，即使是在研究性案例基础上二次开发的教学性案例，也是对科研性案例的一种检验和研究反思，有利于案例研究整体水平的提升。更为重要的是，如果我们没有深刻理解二者之间这种互为表里的关系，很难开发出真正的教学性案例，甚至将案例教学变成教学举例。

出版与版权案例研究的最大挑战来自选题和案例的解释分析。这既与研究者所掌握的专业理论和研究方法知识、各种操作技术有关，也与其对出版与版权活动的观察、个人对问题的悟性（或者洞察力）以及社会资源动员能力有关。任何研究都受资源条件的限制，抛开明显的可行性和可操作性问题——社会资源动员能力与操作技术不谈，影响案例研究质量和结果的，其实主要是案例研究者的专业理论知识准备和研究方法知识准备，因为悟性或洞察力本质上是一种理解和分析的能力，同样离不开其专业知识准备。

二、案例研究者的专业理论知识准备

案例研究设计，首先涉及选题，选题则涉及研究对象的选择，此时研究者对“典型”的深入理解至关重要。出版研究中满足典型性要求的研究对象，一般其行为结果要同时满足社会效益和经济效益两个指标，实际研究中这样的界定还是太过笼统和宽泛，不但难以说服别人，即使研究者自己在后续研究与写作中也难以将研究对象的独特之处发掘和彰显出来。那什么是典型呢？

---

① 罗伯特·K. 殷：《案例研究：设计与方法》（第5版），周海涛、史少杰译，重庆大学出版社2017年版，第26页。

② 罗伯特·K. 殷：《案例研究：设计与方法》（第5版），周海涛、史少杰译，重庆大学出版社2017年版，第26页。

首先，典型具有比较的意义，即从共时性角度衡量，它能与一般案例有明显的区别和差异，从历时性角度衡量，其发育程度不但超越同时代的同类事物，而且在后世仍具有一定的代表性、解释力和说服力。其次，典型具有本质和规律的含义。最后，典型是标准、法则和范式。[①] 也就是案例研究要“遵循科学研究规律，建立起横向比较、纵向反思的分析框架，要有学术增量和知识增量，服务知识体系构建”[②]。以上述标准衡量，研究者要想筛选出典型案例，直接与其知识结构相关。

教研活动中学生经常问的一个问题是：“老师，为什么面对同样的案例（或现象），高手就能将其识别出来并解读出令人信服的道理?”我们的经常性回答是：“高手有理论知识准备，其头脑中的知识就像雷达或坐标系，遇到典型案例自然就能识别出或判断出其价值。”学生经常问的另一个问题是：“老师，我怎样才能获得这样的理论知识呢?”我们的经常性回答是：“阅读。”然后在学生的要求下给他们推荐阅读书目。但每次论文开题，我们都发现有相当一部分学生好像没有阅读过相关理论图书一样，甚至我们上课讲过的知识他们都像没听过一样。

怎样才能让学生阅读并真正获得相关理论知识呢？万维钢精英日课《超人怎样学》[③] 讲述了史蒂芬·科特勒总结出来的一种学习方法，一种“在比较短的时间内，掌握一个小领域的关键知识，乃至达到这个领域最高水平认识的方法”。这种方法的核心是“主动调研”，但“目的不是为了‘全面了解’一个领域，不是为了给这个领域编写百科全书，我们的目的是发现其中最前卫、最活跃、最有意思的地方，以便给自己找一个独特的定位”。这种方法分五步：

1. 读书。读书是了解一个领域最简单最快的方法……当你选定一个

① 宫敬才：《马克思经济哲学微观研究》，人民出版社 2021 年版，第 301 页。

② 《中国专业学位案例建设专家咨询委员会年会暨案例建设研讨会在厦门大学举行》，“教育部学位中心”微信公众号，2023-11-18。

③ 万维钢：《超人怎样学》，精英日课 4，得到 APP。

领域展开学习的时候，科特勒建议你找其中的五本书来读。

第一本是通俗易懂的畅销书。它能让你迅速了解基本知识，熟悉这个话题。第二本是热门书，通俗性稍微弱一点，技术性稍微强一点。这本书能让你体会到其中技术性的乐趣，你会感到兴奋和刺激。你要把其中最喜欢的、最能激发你的想象力的东西记下来，这种细节往往是你要找的方向所在。第三本是专家的视角。这本书的技术性更强，作用是让你看到专家是如何考虑问题的。特别是这种书能给你带来大局观，能开拓你的视野。第四本是一本真正的“硬书”，是最难啃的一本，是这个领域的专家写给专家看的书。读这种书要注意的是现在专家对哪些话题最感兴趣。同样是讲人工智能，通俗的书会讲人工智能多强、人工智能会不会取代人类的工作之类，而这种书则会讲当前人工智能技术的真正难点所在。读这样的书你会发现一些流行观点是错的。第五本其实只是代表。如果你要做学问的话五本书远远不够……把最近三年新出版的书都读一读，至少要翻一翻。

但是无论你怎么读，其中的关键是一定要主观地读，要带着问题和方向性读。科特勒的建议是读三个点：第一点，领域的历史故事。这个领域的大故事是什么？大图景是什么？以前困扰人的是什么问题，解决了哪些问题又来了什么问题，现在大家最关心的是什么问题？你得抓住其中的“主要矛盾”。第二点是相关的术语……这些行话不懂你没法跟内行交流。第三点，也是最重要的一点，是你要把让你感到兴奋的东西记下来。这些是刺激你下一步思考的东西，是你行动的方向。这里说的读书，不是为了总结那些书的主要内容，没人会考你，高手学习一定是以我为主，建立一套属于自己的技术基线，作为下一步学习的基础，而这仅仅是开始。

2. 采访专家……

3. 到达前沿……

4. 形成观点……

5. 完成叙事。你要把新观点讲成一个故事，而这意味着把其中的因果关系理顺，建立一个思维模型。

科特勒的这种主动调研式的阅读学习方法，非常适合高年级本科生和研究生的文献阅读与科研训练。教研活动中，我们将这一方法教给学生，特别是针对他们的毕业论文开题，能起到事半功倍的效果。因此，无论是每学期开学的阅读书目推荐还是期末作业要求，我们都会根据课程知识内容的实际情况，按照书目的难易程度，给学生推荐3—5本书，例如前面章节提到的，我们想让本科生快速且较为直观深入地了解出版与版权，就给他们推荐《老猫学出版》《我在DK的出版岁月》《文化商人：21世纪的出版业》。学生读过之后，头脑里像雷达般设置了相应参数，听课或延伸阅读时自然会与其发生价值关联，识别出更多相关内容和理论知识，加深理解后内化为自己的认知，长此以往，理论知识准备与认知能力自然而然地就提高了。

三、案例研究者的科学研究知识准备

案例研究其实是一种特殊的调查研究①，涉及研究设计、资料搜集、数据分析、理论解读与文章撰写。过往我们给学生指导作业或毕业论文，无论是让学生自己阅读案例研究的图书，还是我们快速地给其讲解相关步骤及其主要要求，效果则与我们所期待的相距甚远，写出来的内容像给案例企业写的工作总结或公关软文。调研反思后，我们认为原因是学生整体缺乏研究方法和知识准备，特别是对科学研究简要而深入的理解和把握。为此，我们查阅相关资料后，首先给学生快速讲清楚什么是科学研究与科学方法，然后再结合案例讲案例研究，效果明显有所提升。

科学指的是“利用系统的观察方法而获得的知识本体”，科学研究是“一种对一个或多个变量进行有组织的、客观的、受控的、质化或量化的经验分

① 罗伯特·K. 殷：《案例研究：设计与方法》（第5版），周海涛、史少杰译，重庆大学出版社2017年版，第30页。

析”，科学方法是指“有系统、有组织的研究步骤，目的是尽可能确保研究的客观性和一致性”，“科学研究的方法有五个步骤：定义问题，回顾文献，建立假设，选定研究设计并搜集与分析资料，形成结论。”① 按照上述方法和步骤，即使我们只研究一个案例，得出的结论也能让人信服，因为同类案例能复现我们的研究逻辑。

1. 定义问题。研究的第一步就是清楚地陈述我们所要研究的主题，换句话说，便是定义问题。问题从哪里来？这既涉及我们的兴趣和观察，也涉及我们对问题本质、程度及其潜在起源的认识和理解——理论知识准备。在确立研究问题时，关键是学会将一般问题转化成一个可以研究的问题。假如学生喜欢看文学作品，她观察到“新经典”的文学类畅销书既有文学品位又有风格特征，而且受众广泛，于是决定研究“新经典”的出版特色，这是一个宽泛且平庸的选题。交流后发现，很多出版公司都有畅销书，但像“新经典”这样有这么多畅销且常销书的不多，她真正想解决的问题其实是：“新经典”的图书是如何做到畅销且常销的？

2. 回顾文献。通过回顾文献（回顾相关的学术研究与资料），我们得以改良自己的研究主题（已知和未知），消除或减少可以避免的错误（特别是重复性的低级错误）。仍以“新经典”为例，回顾文献后，该生发现研究“新经典”的不少，研究其图书畅销原因的不少，但没有研究其畅销且常销原因的，也没有围绕这一问题研究其他畅销书公司的，以此进一步确立了这一研究问题的价值。

3. 建立假设。假设指的是针对两个或两个以上变量之间存在的关系所做的推断性论述。假设可以使复杂的世界简单化，而且使解释这个世界变得更为容易，研究者用不同的假设回答不同的问题。还以“新经典”为例，我们提示该生，有人认为新经典之所以这么“厉害”，是他们引进了很多经典版权，但“新经典”的黎遥老师来我们学校做讲座时，说他们的“秘诀”是

① ［美］理查德·谢弗：《社会学与生活》，赵旭东等译，世界图书出版公司 2014 年版，第 5、42 页。

“不断货”，显然这是一个从经营管理角度解读的视角，学生决定以 4P 营销理论为基础，从产品、定价、渠道、促销四个环节去回答问题——研究“新经典”是如何做到畅销且常销的，沿着已有理论知识体系进行延伸和推进，可以有效避免后面写出来的论文看似案例实则企业工作总结或营销软文。

4. 选定研究设计，搜集与分析资料。研究设计是以符合科学的标准来搜集资料的详细计划或方法。搜集资料经常采用的是以下四种方法：观察、调查、实验、使用现存资料。数据分析时再根据具体情况采用具体的方法和工具，将收集到的数据按类别进行恰当的划分，对数据的解释也就自然而然地浮现出来。仍以“新经典”为例，这是一个典型的案例研究，既然案例研究是一种特殊的调查研究，学生就要首先了解什么是调查研究（这样的系统性知识非常容易通过专门的图书阅读后获得），其次再系统阅读学习案例研究的方法，就会更有针对性，理解也会更深入。

5. 形成结论。支持或否定假设，即通过上面的研究，发现数据支持或否定我们前面提出的假设。

经过这样的讲解和训练，学生首先快速在头脑中对科学研究有了较为系统的认知，再去使用案例研究方法时就不会望文生义地理解为例证说明或举例子，自己也就初步学会了判断选题价值，而不是像以前那样，拍脑门想出一个选题，然后问老师能不能做。更重要的是，学生因此而树立了信心，通过主动调研，获得了系统化快速学习的能力，为终身成长打下了良好的基础。

第二节　版权教学案例研发

我们的调研显示，出版企业期待认可的版权人才是既懂版权又懂编辑出版业务的复合型人才，出版专业目前招收的学生大部分既没有出版实践经验，也没有出版与版权专业要求的学科专业背景——出版涉及专业、经营与管理等学科专业知识，版权涉及法律、经济等学科专业知识，案例教学在出版专业版权人才培养过程中就显得尤为重要和必要，因为“案例教学在改革创新教学模式、启发学生思辨方面发挥着重要作用”①，提升版权教学案例供给数量与质量成为当务之急。当下一般性的教学案例与案例教学研究相对成熟，但不同学科专业还有其自身规律和特点，结合教学案例研发与案例教学一般规律，研究版权教学案例开发，一方面可以推进出版与版权学科专业建设，另一方面还可以深化案例研究与案例教学，整体提升版权人才培养质量。

一、教学案例与案例教学

教学案例即教学性研究案例，主要基于教学目的而研发。一个完整的教学案例包括两大部分内容：案例正文和案例使用说明书（案例教学提纲）。案例正文包括案例背景、案例实践（过程）、案例总结、思考题、参考文献；案例使用说明书（案例教学提纲）包括教学目的与用途、课前准备、案例知识点、启发性问题设置、问题探讨与理论分析、课堂组织计划、补充材料。

虽然教学案例是作为教学工具/手段开发的（可以灵活使用各种数据分析方法，哪怕没有进入现场采集一手数据也是可以接受的，只要形成三角互证即可），但其研发并不容易。首先，它像研究性案例一样，需要系统性程序或系统化的步骤（即把我们人类的思辨过程分解化和结构化）来研发设计，才能保障从案例正文主体叙述中讨论分析出教学知识要点。其次，它不同于举例说明，其根本还在于案例故事中蕴含的问题意识，即案例创新点的本质是什么，也就是案例主体行为与行动的本质是什么（它想解决什么问题），然后才是学习者应该从中学到什么。以附录三教学案例《“懒人听书”案版权保护分析》为例，它不同于法学院教授某个著作权条款或知识点时的例证分析，除了教授给学生相关法律知识点（如有声读物的法律属性）外，还能使学生深入理解有声读物版权保护的重点与难点所在——授权的复杂性及其相关责任认定的困难。因为出版专业版权人才培养的目标是复合型出版人才，他们

---

① 《首届“中国专业学位案例日”活动在京举行》，“教育部学位中心”微信公众号，2023-04-14。

学习关注的重点主要不在于有声读物的法律属性（知道了解这一知识点之后，在实践中不犯、特别是不重复犯这样的判断错误即可），而是未来在面对一个个具体的选题决策时能快速识别出授权的可行性及其重点难点所在，从而保障产品的合法性和合规性，在有效降低侵权和被侵权风险的同时，提升决策效率和效果。

案例教学是一种教学案例研究成果的应用方式，具有问题情境模拟、整体行为决策、多学科专业知识交叉等特征，是学生了解真实出版及其复杂性的窗口，也是减少学校教育与社会需求之间差距的有效手段。案例教学主要“通过讲述社会生产生活中的典型事件和真实情境，向学生传授典型、复杂、重大事件所承载的实践知识，引导学生阐释理论、发现问题、提出解决方案、提炼新观点、构建新理论，提高学生运用理论要素分析和解决复杂实际问题的能力”，“作为开放式、互动式的教学方式，将实践问题理论化、系统化，将高水平研究、教学与实践有机融合，有助于推动专业学位研究生培养模式改革，提升高层次实践创新型人才培养质量。”①

进入数字化时代以来，我国出版业和出版生态发生了巨大变化，积累了丰富的出版与版权经验，在出版专业版权人才培养过程中研发高质量版权案例并坚持将其投入教学使用，不但有利于生动描述版权故事、帮助学生准确理解出版实践本质，还有利于发挥案例教学育人的核心功能，提高学生“运用理论要素分析和解决复杂实际问题的能力，提高他们在实践创新中具备理性思考和前瞻判断的能力”。

二、知识领域定位与研发原则

教学案例研发知识领域定位。出版专业研发的版权教学案例，首要目标是服务出版专业版权人才培养。目前实践中我国出版企业缺乏整体版权战略布局和有效的版权运营策略，因此应该重点结合课程设置，以版权运营为切

① 《发挥案例育人作用 以案例建设服务实践创新人才培养》，“中国专业学位案例中心”微信公众号，2023-12-20。

入点，将利益平衡、创新原则的法律和产业理论知识，与出版经营管理理论知识相结合，沿着版权创造、运用、保护、管理、服务的全链条进行有选择的开发。版权运营“是指基于市场主体视角，对智慧成果从研发、使用、推广、交易到冲突解决进程中主动的经营行为，以规避风险、提升版权价值及实现智慧成果综合效益的一系列动态的长期的行为过程”①。例如附录三教学案例《童趣的版权运营策略分析》侧重整体版权运营策略；《陕西师范大学出版总社的“一带一路”版权贸易策略分析》《清华大学出版社的版权输出策略分析》侧重版权贸易，特别是版权输出；《平衡版权保护与用户体验：高教社版权保护探析》侧重版权保护。版权运营的焦点是未来收益，需要提前布局、持续投入、长期运营，是实现出版文化性与商业性多方面综合效益和整体效应的有效途径，需要高水平团队和复合型人才支撑。因此，以版权运营为切入点开发教学案例，不但教学使用场景多（以出版专业硕士课程为例，涉及出版学概论、出版法规、版权与版权贸易、出版经营与管理等多门课程），而且有利于增强学生的版权意识，较为深入地理解和掌握版权开发与交易等运营模式，使其从事出版实践时减少非理性运营行为，在较高的认知起点上从事出版与版权工作。除了聚焦版权运营领域，出版专业的版权教学案例开发，还应重点关注我国当前出版生态与情境，使学生熟悉出版业发展的同时，了解我国版权运营现状和研究进展。

版权案例研发原则。如何选择案例，除了取决于我们对“典型”的理解，关键还在于我们能在一个案例中辨析出多少版权运营理论与技能。这首先取决于出版与版权领域的专家发明或发现了多少理论与技能，其次才是研发者的理论知识储备与表达能力。为了保障教学效果，教学案例研发必须遵循一定的原则。

首先，案例正文的叙事，无论是讲版权运营故事还是分享版权运营经验，本质都是讲道理——其中隐含着一定的规律或规则，故事或叙事只是途径和手段，以此增强说服力，从而塑造一种认知模式，进而传递某种观念，并逐

① 张冬：《知识产权运营风险专论》，商务印书馆 2022 年版，第 1 页。

步沉淀为一种价值观。例如附录三教学案例《陕西师范大学出版总社的"一带一路"版权贸易策略分析》，将其放在"输出优质版权，讲好中国故事，传播好中国声音，塑造好可信可爱可敬的中国形象，是赋能文化强国、增强国家文化软实力、提升中华文化国际影响力的重要举措"背景下，总结分享陕西师范大学出版总社是如何结合自身禀赋，与"一带一路"共建国家开展版权贸易、特别是版权输出的。再如附录三教学案例《平衡版权保护与用户体验：高教社版权保护探析》，面对我国出版企业数字化转型过程中普遍版权保护技术能力较弱的现实，展现了高等教育出版社作为中国高等教育出版领域的重要力量，在版权保护领域勇于承担责任、探索创新的良好形象。

其次，要处理好案例叙事与理论知识点之间的匹配性。案例研究中一个经常被质疑的点就是从正文案例叙事中不一定能或不止能提炼出教学知识点，这涉及如何从经验故事过渡到决策理论的过程，除了思考题、启发性问题设置引导外，关键还在于能否将理论知识有效嵌入正文的案例叙述中。因此，深入理解案例正文中"案例背景""案例实践（过程）""案例总结"的作用至关重要。"案例背景"与"案例实践（过程）"之间的关系就像一个"计时漏斗"，交叉点是案例创新的本质——行为主体要解决的问题。因此，"案例背景"要重点通过问题情境的描述，快速聚焦到出版实践困境，以此引出并较为充分地展开案例主体在实践中是如何突破和解决的；"案例总结"则在彰显创新效果的同时，也收敛到案例主线——教学知识点所属知识范围领域。或者"案例背景"至少要为"案例实践（过程）"做好铺垫，如附录三教学案例《清华大学出版社的版权输出策略分析》，"案例背景"首先介绍了清华大学出版社是国内率先开展对外版权贸易的出版机构之一，依托国内外高等院校和学术机构，积累了广泛而优质的作者和译者资源，与多家国际著名出版公司建立有长期业务往来，已有上千项图书版权输出到北美、欧洲、亚洲等国家和地区；然后在"案例实践（过程）"中重点分析了其版权输出的主要类别和经验做法；最后在"案例总结"中再次点明清华大学出版社主要结合自身特点，重点输出科技教育类图书，并且在版权输出的过程中积累了经验，培养了一批版权贸易方面的专业人才，能够使读者清晰地看到后续要提炼的知识要点的产生脉络。

最后，案例故事叙述要真实、完整、清晰、可信。要想达到这样的效果，最重要的是案例叙述要符合逻辑规则。案例学习本质上是从经验中学习，从逻辑推理角度，我们知道这种从经验中学习的方法主要用到了归纳推理和演绎推理，研究性案例主要采用归纳推理（自下而上），教学性案例主要采用演绎推理（自上而下）。案例教学的复杂之处在于，教师要把学生不知道的已知理论知识点通过案例正文呈现的方式，引导学生通过自我归纳推理发掘出来。例如附录三教学案例《童趣的版权运营策略分析》，将版权运营策略，包括引进版权与自有版权开发，蕴含在童趣随着市场变化和读者需求的转变而不断调整的经营管理策略中，从如何积累国际版权合作经验到顺势而为，将工作重心移向打造原创精品，在原创能力建设上积极探索。原创内容与引进 IP 比例如何从以前的 2∶8，变成现在的 8∶2，甚至接近 9∶1，这种叙述、总结和铺垫，增强了案例的可信度和说服力。

三、案例学习的本质与研发注意事项

人是会讲故事的动物，我们在理由充分的情况下做出决定，而且还会随沟通情境、媒介和沟通类型的变化而改变。实践中要想提升教学案例的研发质量，关键在于我们充分理解案例学习的本质，在此基础上既要注意避免策略性研究沦为案例对象的经验总结或企业形象营销故事，还要避免读者事后诸葛亮的暗讽——成功了都是经验、失败了都是教训，这既需要研发者打开视野和格局，还需要其有较为充分的理论知识准备，在保障学理性的前提下将案例有吸引力地呈现出来。

在社会生活生产实践中，“人们通常是根据体验的结果和习得的效用来进行选择，因此，行为—结果链的学习与效用学习是紧密联系在一起的”①，因

① ［美］丹尼尔·卡尼曼、保罗·斯洛维奇、阿莫斯·特沃斯：《不确定状况下的判断：启发式和偏差》，方文、吴新利、张擘等译，中国人民大学出版社 2013 年版，第 297 页。

为行为和结果在时间上是连续的，人们倾向于认为他们之间的联系代表了原因和结果之间的关系——这符合人类认知闭合需要的心理。案例学习的本质是从经验中学习，属于体验式学习，是我们人类适应环境的一种比较重要的方式，也是提高行动与环境匹配度的一种比较重要的机制。① 我们人类学习是为了促进智慧增长，从经验中学习就是在观察行动与结果联系的基础上，改变行动或行动规则，如果改变是改进，那么学习就促进了智慧增长——有效地适应环境和优雅地诠释经验。② 版权案例学习就是从出版行动经验中学习，根据版权经验调整行为，增进理解，从而增强实践指导性。从经验中获取智慧的模式可以分为两种，这两种模式反映了两种不同的过程。第一种模式称作低智学习，是指在不求理解因果结构的情况下复制与成功相连的行动或行动规则，当外部环境变化不大时，这种学习方法省时省力；第二种模式称作高智学习，当外部环境变化较大时，人要想适应新环境，需要高智学习，是指努力理解因果结构，并用叙事、模型或者理论阐述出来，进而指导以后的行动。③ 虽然从经验中学习具有威力不假，但同时相关证据也显示从经验中学习并不一定能带来改进，问题的原因主要在于经验自身的性质和我们人类在做推断过程中容易出现错误。④

避免策略性研究沦为案例对象的经验总结或企业故事。案例写作中，有些教学案例之所以被写成了案例对象的成功经验总结或企业营销宣传故事，主要是由于经验的三个显著性特征造成的，即经验的鲜活性、启示的模糊性和诠释的灵活性。⑤ 要想解决上述问题，保障从经验故事到科学决策，既需要选择、裁剪有价值的事件来描述案例发生的背景、经过和结果，又要突出实践主体的内在行为逻辑，重点以问题为导向来叙述其创新行为的成因、做法和成效，研发者本身的识见与教学设计能力此时起到了至关重要的作用。

---

① ［美］詹姆斯·G. 马奇：《经验的疆界》，丁丹译，东方出版社2017年版，第7页。
② ［美］詹姆斯·G. 马奇：《经验的疆界》，丁丹译，东方出版社2017年版，第11、5—6页。
③ ［美］詹姆斯·G. 马奇：《经验的疆界》，丁丹译，东方出版社2017年版，第11—12页。
④ ［美］詹姆斯·G. 马奇：《经验的疆界》，丁丹译，东方出版社2017年版，第2页。
⑤ ［美］詹姆斯·G. 马奇：《经验的疆界》，丁丹译，东方出版社2017年版，第81页。

首先需要熟悉出版业务的底层逻辑——表面上看是按部就班的实务流程，实则是决策过程，目的是实现增值，案例对象的创新主要体现在解决问题的决策过程中，相应进行了策略（甚至是战略）调整与流程改造（甚至是再造），结果实现了效益增长。其次要了解虽然叙事理性取决于故事的一致性和逼真度，但是经营管理理论中故事的作用与模型类同，主要是用来吸收不确定性的工具。因此，版权案例故事主要是对研究对象真正运行方式的描述，不是为研究对象现有版权运营模式戴上不可逆转的主角光环，而忽视实践过程中理想与现实之间的差距和张力。基于上述认知，笔者在指导研究生写作教学案例时，特别注意突出问题意识，然后通过换位思考来初步检验效果：如果我是企业的决策者或一般编辑，案例中的问题是不是版权运营中真实存在的问题？这只是案例对象面临的真实问题，还是大部分出版机构面临的真实问题？案例主体的问题解决过程是否对我有帮助？案例知识要点及其理论分析是否对我有启发？例如，附录三教学案例《平衡版权保护与用户体验：高教社版权保护探析》，学生第一次交上来的题目是“高等教育出版社版权保护案例研究”，题目比较宽泛平淡，根据其正文主体中出现的内容，笔者建议其进一步凝练问题，突出原来“版权保护技术”部分中的创新性做法，并相应调整写法，如进一步增加问题导向性的内容——有的加密软件给用户使用带来了不好的体验，高等教育出版社是如何选择软件的，选择的这款软件是如何解决这一问题的，等等。

避免成为事后诸葛亮。这主要涉及对案例教学推断过程的认识。首先，从逻辑推理角度，我们知道这种从经验中学习的方法，主要用到了归纳推理和演绎推理，我们都知道它们各自的优缺点，但具体到出版实践中，我们很难发现隐藏在错综复杂的出版细节中的任务结构。如从版权运营结果看，其实包括四种情况——正向命中、错误否定、负向命中和错误肯定。无论是业界的经验分享还是新闻报道，多是正向命中的成功案例，往往给学生造成一种错觉，以为只要有好的版权内容或者能拿到知名 IP，就很容易成功。交流中业界不一定能清晰地指出问题所在，但其往往会归因于高校培养的学生胜任力不足。具体到案例教学，一般选择成功的知名案例，采用的其实是演绎推理，要想避免成为事后诸葛亮，教学过程中教师首先要给学生讲清满足因果关系的条件——共变、时序、排除竞争性解释。其次，案例研究主要是从小样本的日常经验中获得对深层因果结构的有用理解，虽然这种经验可以从一两次经历中学习，但要想从中真正获得知识和智慧，还需要深描，即对隐藏在个案行动中的共同意义和相互交叉的层面（或点）做好记录和解读。再次，要让学生了解理论知识都是有适用范围的，不能无限外推。至于如何从案例事实推导规律或规则（案例知识点），可以从通融性、简洁性、类似性，以及从结果到原因的解释①四方面衡量和强化。最后，教师本身的思考方式、教学分析展开方式本身也是教学的一部分，也是对学生思考方式的一种训练。基于上述认知，笔者在指导学生进行案例开发的过程中，在“问题探讨与理论分析”里以理论迁移和同类案例分析作为教学延伸，希望学生能够触类旁通的同时，帮助学生深入理解成功经验都是有条件限制和适用范围的。如附录三教学案例《童趣的版权运营策略分析》中，为了让学生进一步了解版权运营中会遇到的问题以及相应采取的策略，以安徽少年儿童出版社的“小猪佩奇”系列图书为例，让学生利用知识要点继续分析其版权运营成功原因。

---

① 万维钢：《怎样从固定事实推测真相》，精英日课 4，得到 APP。

附　　录

一、推荐阅读书目

河北大学数字出版版权阅读书目

书目制作说明（一）[①]

集搜客是一种自动化的网络爬虫软件，可以模拟人类在网页上的行为，比如自动浏览和提取网页上的信息。在书单抓取过程中，集搜客会访问特定的网站或平台，并提取设定好的书籍相关数据，这个过程可以通过编程实现自动化，大大提高了数据收集的效率和准确性。数字出版研究书单和版权研究书单（版权书单、著作权书单、知识产权书单）的抓取过程是基于集搜客网络爬虫技术和知网自带导出功能的数据收集过程。

1. 收集过程

我选择的爬虫平台是读秀，在集搜客进行数字出版研究书单抓取之前，要手动进行一些设置。（1）在集搜客里复制好读秀网站的链接。（2）对数字出版书单，在搜索框里输入关键词“数字出版”，选择精确匹配；对版权研究书单，在搜索框里分别输入3个关键词“版权”“著作权”“知识产权”，选择主题词并精确匹配。（3）设置好需要爬取的信息，如书名、作者、出版日期、

① 由河北大学2023级出版专硕高梓怡撰写。

分类、主题词等。完成以上步骤就可以启动程序，开始自动浏览并爬取已经设置好的信息。

此外，我还选择知网作为书单收集平台，知网自带导出数据的功能，因此不需要使用集搜客爬虫软件。对数字出版书单，选择主题，在搜索框里输入关键词“数字出版”；对版权研究书单，选择主题，在搜索框里分别输入3个关键词“版权”“著作权”“知识产权”。操作完成后，分别选择导出数据即可。

同时，手动筛选在读秀和知网收集到的书单数据过程中，辅助使用中国版本图书馆网站查询集搜客爬虫网站或者知网导出数据缺失的部分，如出版社、书籍简介等。

2. 结果及分析

集搜客将网页爬完，在知网搜索完导出后，可以在读秀和知网两个平台分别获得数字出版研究书单和版权研究书单（版权书单、著作权书单、知识产权书单）。这些书单涵盖了基本原理、发展现状、案例研究、应用领域等多个方面的书籍，其中涉及论文集等，同时按照参考文献格式进行整理，并按照出版日期进行排序。

对于数字出版研究书单的数据分析，读秀数字出版研究书单包含178本书，知网数字出版研究书单包含19本书，经过手工筛选教材、重复、内容过时之书，且与当当、京东数字出版研究书单相互验证后，数字出版研究书单有248本。

对于版权研究书单的数据分析，读秀版权书单包含242本书，读秀知识产权书单包含577本书，读秀著作权书单包含450本书，知网版权书单包含19本书，知网知识产权书单包含54本书，知网著作权书单包含27本书。经过手工筛选教材、重复、内容过时的书，且与当当、京东版权研究书单相互验证后，版权研究书单有1502本。

对于数字时代版权研究书单的数据分析，将数字出版研究书单和版权研究书单整合在一个Excel中，经过手工筛选只讲数字出版或者版权的书，最终数字时代的版权研究书单有40本。

书目制作说明（二）①

作为出版专业的研究生，我们在老师的指导下开展了数字版权研究相关书目的收集工作。本书目工作的目标是通过收集关于数字版权方面的书籍，使我们更全面地了解这个领域的最新发展。我们希望通过这项工作，能够制订一个关于数字版权的书单目录，为我们的研究和学习提供便利。

1. 收集过程

我们首先确定了需要收集的书籍的类型和主题。书籍类型要剔除教材一类，收集的主题主要是“数字出版”“著作权”“版权”“知识产权”等关键词，并确定我们的搜索平台主要是当当和京东网站。我们通过集搜客爬虫软件抓取关键词收集书目数据，书目数据收集结束后自动生成表格，我们对表格数据进行整理并删除重复内容，以便于我们后续的处理和分析。

利用爬虫软件收集书目包括以下步骤：

（1）确定目标网站：如在当当网搜索“数字出版”页面。

（2）确定所要抓取的关键词：如我们所设定的需要抓取的关键词是书名、作者、出版时间和出版社。

（3）数据存储：将提取到的数据存储到本地文件或进行云存储。

（4）数据整理：对重复和无关的数据进行了剔除和筛选；其次，对缺失和不完整的数据进行了补充和完善；最后，将数据转换为统一的格式和结构，以便后续的处理和分析。

2. 搜集结果

我们通过对当当、京东、国家版本图书馆、读秀、知网等平台内容的抓取，收集到数字出版书籍248本、版权书籍1502本、数字版权书籍40本，其中涉及论文集和会议纪要。这些书籍涵盖了基本原理、发展现状、案例研究、应用领域等多个方面。我们详细地整理了每本书的信息，按照参考文献

① 由河北大学2023级出版专硕仲晴撰写。

格式排列，并按照出版日期进行了排序。

3. 结果验证

仔细阅读书目：我们需要仔细阅读收集到的图书书目，了解每本书的内容、主题和适用范围，这有助于我们判断这些书籍是否与数字版权相关的研究课题相符。

对比研究：我们可以对比每本书的作者、出版社和出版时间，这有助于我们判断哪些书籍更加权威、实用，具有参考价值。

参考目录：我们通过当当和京东网搜索书籍目录，对查阅到的书籍进行确认，确保书籍与数字版权相关。

4. 结果分析

我们对收集到的书籍进行了分析并得出以下结论：

版权研究相关书籍的数量呈现出逐年增长的趋势，说明该领域的研究热度持续上升。

通过对书籍的作者和出版机构进行分析，我们发现了一些在该领域具有影响力和权威性的作者和出版机构。同时，我们也发现了一些国外出版的关于数字版权研究的书籍，这些书籍为我们提供了更为深入的了解数字版权历史和发展的途径。

5. 结论

随着数字技术的不断发展，数字版权保护将面临更多挑战和机遇。通过本次的书单收集工作，我们制订了一个关于数字版权研究的书单目录，为数字出版和版权研究的学习提供了便利。未来，我们会继续关注数字版权研究的最新进展和发展趋势，收集更多类型的书籍，并积极参与相关的研究和实践活动，以便更全面地了解数字版权领域的发展。

数字出版版权阅读书目（40本）

1. 马海群．网络时代的知识产权信息管理［M］. 北京：科学出版社，2003.

2. 沈仁干．数字技术与著作权：观念、规范与实例［M］．北京：法律出版社，2004.

3. 吴伟光．数字技术环境下的版权法危机与对策［M］．北京：知识产权出版社，2008.

4. ［美］戈尔茨坦．著作权之道：从谷登堡到数字点播机［M］．金海军，译．北京：北京大学出版社，2008.

5. 张今．版权法中私人复制问题研究——从印刷机到互联网［M］．北京：中国政法大学出版社，2009.

6. ［美］Arnold P. Lutzker. 创意产业中的知识产权：数字时代的版权和商标［M］．王娟，译．北京：人民邮电出版社，2009.

7. 程文琴．数字图书馆的著作权问题研究［M］．北京：中国农业出版社，2011.

8. 吕炳斌．网络时代版权制度的变革与创新［M］．北京：中国民主法制出版社，2012.

9. 孙辉．数字出版中的权益管理技术研究［M］．南京：南京大学出版社，2013.

10. 张立，童之磊，张博．数字版权保护技术与应用［M］．北京：电子工业出版社，2013.

11. 李杨．著作权法个人使用问题研究：以数字环境为中心［M］．北京：社会科学文献出版社，2014.

12. 祝建军．数字时代著作权裁判逻辑［M］．北京：法律出版社，2014.

13. 赵力．数字化孤儿作品法律问题研究［M］．北京：经济日报出版社，2015.

14. 王志刚．数字出版企业版权战略管理［M］．北京：社会科学文献出版社，2016.

15. 张立，张凤杰，张从龙．数字版权保护技术研发工程专利检索与分析［M］. 北京：中国书籍出版社，2016.

16. 魏玉山，张凤杰，张从龙．数字版权保护技术研发工程论文选辑［M］. 北京：中国书籍出版社，2016.

17. 吴永凯，刘华坤．数字环境下的著作权保护与合理使用研究［M］. 北京：首都师范大学出版社，2017.

18. 姜福晓．数字网络技术背景下著作权法的困境与出路［M］. 北京：知识产权出版社，2017.

19. 赵力．数字公共图书馆著作权限制研究［M］. 北京：知识产权出版社，2018.

20. 上海新闻出版教育培训中心编．互联网环境下传统出版的版权保护和版权贸易［M］. 上海：上海人民出版社，2018.

21. 宋伟．数字出版著作权问题研究［M］. 北京：知识产权出版社，2018.

22. 刘劭君．权利限制与数字技术：著作权合理使用制度的变革［M］. 北京：知识产权出版社，2019.

23. 华鹰．数字出版版权保护法律制度研究［M］. 北京：科学出版社，2019.

24. 陈洁，等．数字时代的大众文学出版与传播研究［M］. 杭州：浙江大学出版社，2020.

25. 张立，张凤杰，陆希宇，等．数字版权保护技术在垂直领域的应用［M］. 北京：中国书籍出版社，2019.

26. 鲍征烨．大数据时代云计算相关版权问题研究［M］. 南京：河海大学出版社，2020.

27. 王晓丹．中国网络文学平台的版权运营研究［M］. 北京：中国广播影视出版社，2022.

28. 何蓉．数字图书馆利用作品的著作权限制研究［M］. 武汉：湖北人民出版社，2020.

29. 陈兴芜．互联网时代的数字版权保护研究［M］．北京：人民交通出版社股份有限公司，2020.

30. 张慧春．数字出版模式下传统文化传承的版权问题研究［M］．北京：知识产权出版社，2020.

31. 陈丹，周卓．数字出版传播与应用［M］．北京：知识产权出版社，2021.

32. ［英］安格斯·菲利普斯．翻页：书的演变［M］．上海出版传媒研究院，编译．上海：上海大学出版社，2021.

33. 朱梦云．论人工智能生成物的著作权保护［M］．北京：知识产权出版社，2021.

34. 陈丹，周卓．数字出版与数字传播研究［M］．北京：知识产权出版社，2022.

35. 王志刚．大数据时代网络文学版权运营［M］．北京：中国社会科学出版社，2022.07.

36. 王迁．网络著作权专有权利研究［M］．北京：中国人民大学出版社．2022.

37. 唐伶俐．数字传播与版权保护［M］．武汉：武汉大学出版社，2022.

38. 王金金．数字出版中的著作权问题研究［M］．合肥：中国科学技术大学出版社，2022.

39. ［以］妮娃·埃尔金科伦，［以］伊莱·M．扎尔茨伯格．数字时代的知识产权法经济学［M］．刘劭君，译．北京：知识产权出版社，2023.

40. ［美］保罗·戈斯汀．著作权之道：从印刷机到数字云［M］．金海军，译．北京：商务印书馆，2023.

数字出版版权必读的十本书（一）[①]

1. 吴伟光．数字技术环境下的版权法危机与对策［M］．北京：知识产权出版社，2008.

作者简介：吴伟光，清华大学法学院知识产权中心成员，中国法学会知识产权法研究会理事，北京律师协会律师。

内容摘要：本书是一部有关数字技术带来的挑战与版权制度方面的著作。全书共六章，内容主要包括：介绍数字技术对版权法的挑战、国际互联网条约中的主要权利、信息社会服务提供者的责任、技术保护措施与版权的平衡、数字权利管理和版权特别费制度以及数字技术环境下版权法制度的重构。本书以数字技术对版权制度所带来的挑战为出发点，通过对有关国际条约和相关判例的研究来讨论应对这些挑战的措施和思路。本书适合出版学、法学等专业本科生、研究生阅读，也可作为版权贸易等相关领域研究人员的参考读物。

2. 吕炳斌．网络时代版权制度的变革与创新［M］．北京：中国民主法制出版社，2012.

作者简介：吕炳斌，复旦大学法学院教授、博士生导师，在《中国法学》等权威期刊和SSCI国际期刊发表论文数十篇。

内容摘要：本书是一部从理论和实践两个维度探讨网络时代版权制度变革与创新的著作。全书共三编，内容主要包括：从理论上探讨网络时代版权制度的变革、创新与发展；探讨网络时代版权许可的制度创新，以数字图书馆为例探讨了网络时代作品的海量授权所带来的版权困境，并对集体管理、默示许可、版权补偿金制度等可能的解决对策进行探究；选取若干前沿和争议问题讨论网络时代的版权保护问题。本书在理论上提出了网络时代版权保护的中心是传播权，对大一统的“传播权”进行构建，并对“网络习惯法”作为制度变革的路径进行了探索；在实践上探讨了海量作品的版权许可难题

① 由河北大学2023级出版专硕高梓怡撰写。

及其解决方案、网络版权侵权归责原则和一些特殊的、有争议的网络环境下的版权问题。本书是适合出版学、法学等专业本科生、研究生阅读的重要著作，也可作为知识产权等相关领域研究人员的参考读物。

3. 李杨. 著作权法个人使用问题研究：以数字环境为中心［M］. 北京：社会科学文献出版社，2014.

作者简介：李杨，法学博士，苏州大学王健法学院副教授。曾主持教育部人文社科研究青年项目、江西省社科规划项目及江西省高校人文社科项目，先后在《中国出版》《出版科学》等刊物发表学术论文近30篇。

内容摘要：本书是一部有关数字环境变化与著作权法个人使用的著作。全书共五章，内容主要包括：著作权法个人使用的界定、数字环境下的个人使用困境以及技术发展与个人使用困境之间的关系、造成个人使用困境的体系闭合动因、个人使用的定位问题与著作财产权的体系构想、个人使用著作权法的未来重构。本书尝试为著作权法中的个人使用正名，从个人使用的本源价值及内涵出发，对“何为个人使用”以及“需要什么样的著作权法”进行解释，在观念与制度等层面对著作权法中个人使用的未来进行构想，是适合出版学等专业本科生、研究生阅读的重要著作，也可作为知识产权等相关领域研究人员的参考读物。

4. 祝建军. 数字时代著作权裁判逻辑［M］. 北京：法律出版社，2014.

作者简介：祝建军，法学博士，广东省法院审判业务专家库专家，广东省法学会知识产权法学会理事，曾在《知识产权》《中国版权》等国家级法学刊物上发表学术论文、判解研究100余篇。

内容摘要：本书是一部有关数字时代与裁判逻辑的著作权方面的著作。全书共分三个专题，内容主要包括：网络著作权案件的主体与权利识别、网络著作权侵权行为的判定规则、著作权合理使用与民事责任承担的特殊情形。本书是长期工作在一线的资深法官对相关典型案例的分析，展现了法官在审判中的逻辑与思维，展示了司法者在判决过程中的思考，阐释了案件背后的法律政策等因素，是适合出版学、法学等专业本科生、研究生阅读的重要著作，也可作为知识产权等相关领域研究人员的参考读物。

5. 王志刚．数字出版企业版权战略管理［M］．北京：社会科学文献出版社，2016.

作者简介：王志刚，管理学博士，河南大学新闻与传播学院编辑出版系主任，河南大学编辑出版研究中心主任。

内容摘要：本书是一部有关数字出版企业与版权资源的系统保护、战略开发方面的著作。全书共九章，内容主要包括：数字时代的版权保护与出版传播、我国数字出版企业发展概况、我国数字出版企业的宏观版权环境、我国数字出版企业版权管理存在的问题、欧美数字出版企业版权战略管理的经验参照、我国数字出版企业版权战略的制定、数字出版企业版权战略管理的实施、数字出版企业版权战略管理的评价与控制。本书意在强调知识经济时代我国数字出版企业版权战略管理的必要性与重要性，重点介绍了我国数字出版企业如何实现版权资源的系统保护与战略开发，是适合出版学、管理学等专业本科生、研究生阅读的重要著作，也可作为知识产权等相关领域研究人员的参考读物。

6. 吴永凯，刘华坤．数字环境下的著作权保护与合理使用研究［M］．北京：首都师范大学出版社，2017.

作者简介：吴永凯，北京印刷学院新闻出版学院实践教学中心副主任，数字出版专业教师、副教授，国家数字复合出版系统工程联合实验室项目主管。

内容摘要：本书是一部有关数字环境与著作权保护、合理使用方面的著作。全书分为三个板块，内容主要包括：数字环境下的著作权主体、复制权、发行权、信息网络传播权；信息网络传播权的特殊保护、数字环境下“间接侵权”问题；数字环境下的著作权合理使用制度、著作权法定许可使用制度和“避风港”原则。本书从数字环境下著作权的适用、保护和使用的角度进行全面阐释，适合作为出版学等专业本科生、研究生阅读的重要著作，也可作为知识产权等相关领域研究人员的参考读物。

7. 姜福晓．数字网络技术背景下著作权法的困境与出路［M］. 北京：知识产权出版社，2017.

作者简介：姜福晓，法学博士，烟台大学法学院副教授。

内容摘要：本书是一部有关数字网络技术进步与著作权困境、出路方面的著作。全书共五章，内容主要包括：数字网络技术对著作权法的挑战、著作权法的基础架构及调整、使用者行为的失范与规制、权利人技术保护措施的保护与限制、数字网络环境下著作权的市场机制。本书从权利配置、权利保护和权利实现三个角度研究著作权法在数字网络技术背景下面临的困境，并试图探寻新的数字环境下著作权法如何保护权利，是适合出版学等专业本科生、研究生阅读的重要著作，也可作为知识产权等相关领域研究人员的参考读物。

8. 刘劭君．权利限制与数字技术：著作权合理使用制度的变革［M］. 北京：知识产权出版社，2019.

作者简介：刘劭君，法学博士，北京市社会科学院法学所助理研究员，中国知识产权法学研究会理事，曾出版译著《创新、知识产权与经济增长》。

内容摘要：本书是一部有关数字技术与著作权合理使用制度的著作。全书共七章，内容主要包括：著作权权利限制制度的理论基础、合理使用制度的立法状况、著作权权利限制的法律关系、数字技术环境下著作权权利限制的类型化、著作权权利限制制度的重构、法定许可制度中著作权集体管理制度的完善以及数字技术环境下从经济学角度看制度变化。本书重点讨论由数字技术带来的作品传播方式的改变对著作权合理使用制度的挑战，主要通过利益平衡的视角来论证“技术变化必将带来的制度变化”，希望通过更深入地探讨合理使用的本质和功能，重新定位合理使用制度，为我国著作权权利限制制度的体系设计提出更好的方案。本书是适合出版学等专业本科生、研究生阅读的重要著作，也可作为知识产权等相关领域研究人员的参考读物。

9. 华鹰．数字出版版权保护法律制度研究［M］. 北京：科学出版社，2019.

作者简介：华鹰，重庆工商大学法学院教授，中国高校知识产权研究会常务理事，重庆市民法、国际经济法研究会副会长。

内容摘要：本书是一部有关数字出版与版权保护方面的著作。全书共十一章，内容主要包括：数字出版标准体系的构建、数字出版环境下版权利益失衡及法律制度检视、著作权利益平衡机制、著作权合理使用制度的重构、著作权法定许可制度与默示许可制度的构建、反规避技术保护措施规则、著作权权利穷竭原则的延伸性、著作权权利保护与实现方式以及著作权权利救济方式。本书根据著作权法律制度建立的双重目的和二元价值目标，以及利益平衡原则，对数字出版环境下版权权利限制与例外制度进行重构，寻求版权交易、利用和保护的最佳途径，以实现利益平衡，并使著作权法制度的设计能够最大限度地激励文化创意内容的创作和传播。本书是适合出版学、法学等专业本科生、研究生阅读的重要著作，也可作为知识产权等相关领域研究人员的参考读物。

10. [美] 保罗·戈斯汀．著作权之道：从印刷机到数字云 [M]. 金海军，译．北京：商务印书馆，2023.

作者简介：保罗·戈斯汀，知识产权专家，美国斯坦福大学法学院讲席教授。

内容摘要：本书是一部探讨技术进步、环境变革与著作权关系方面的著作。全书共八章，内容主要包括：著作权的形而上学之争、著作权的思想史、著作权制度对司法判例的影响、著作权与私人复制技术之间的冲突、欧洲与美国两大法系著作权文化的比较分析、数字技术对著作权法的挑战、著作权保护机制的实用性以及著作权如何应对免费模式。本书详尽展示了当事人、司法者、立法者在判决过程中的思考，全面阐释了每个案件背后的技术、舆论与法律政策因素，适合出版学、法学等专业本科生、研究生阅读，也可作为知识产权等相关领域研究人员的参考读物。

数字出版版权必读的十本书（二）[①]

1. 陈洁，等．数字时代的大众文学出版与传播研究［M］．杭州：浙江大学出版社，2020.

作者简介：陈洁，任职于浙江大学中文系，数字出版研究中心执行主任，中国编辑出版高等研究会常务理事，主要从事数字出版、现当代文化等领域的研究。

内容简介：本书是一部探讨大众文学出版的品质坚守与数字出版发展路径的著作。全书共五章，内容主要包括：趋势——文学出版市场化与数字化阅读；创造——新类作家的崛起与文字书写方式的转变；传播——多元化的文学出版营销策略；产业——核心 IP 与全媒体、全产业产品开发运营；理想——大众文学出版的品质坚守与数字时代新思维。本书紧密结合大众文学出版领域的数字出版新实践，延伸至网络自出版、定制出版、IP 等新业态，以期对传统数字化转型中的行业管理提供参考。本书适合作为文学、出版学等专业本科生、研究生的教材，也可以作为相关领域研究人员的参考读物。

2. 王晓丹．中国网络文学平台的版权运营研究［M］．北京：中国广播影视出版社，2022.

作者简介：王晓丹，中国传媒大学传播学博士，就职于中国传媒大学。

内容简介：本书是一部从理论与实践层面对网络文学平台的版权运营进行探讨的著作。全书共五章，第一章从萌芽期、探索期和发展期三个阶段论述了文学平台及版权运营的发展历程；第二章讲述了网络文学平台的运营现状；第三章结合供给侧和需求侧分析了网络平台版权运营的现状；第四章从供给侧和需求侧的角度阐述了网络文学平台版权运营的问题；第五章继续从供给侧和需求侧方面强调版权保护的重要性和相关策略。本书分析了现阶段中国网络文学平台的版权运营模式，探讨了网络文学的发展困境，并给出了解决方案。本书适合作为文学、出版学等专业本科生、研究生的版权教材，

① 由河北大学 2023 级出版专硕仲晴撰写。

也可以作为相关领域研究人员的参考读物。

3. 陈兴芜．互联网时代的数字版权保护研究［M]．北京：人民交通出版社股份有限公司，2020.

作者简介：陈兴芜，重庆市政协文化文史和学习委员会副主任。

内容简介：本书是一部论述当前我国互联网数字版权产业发展态势的著作。全书共五章，内容主要包括：互联网与数字版权、互联网对数字版权保护的影响、我国互联网数字版权保护的宏观态势、我国互联网数字版权司法保护现状与问题、互联网数字版权保护制度的构建。本书对我国数字版权保护的法律进行了详细的分析，并通过相关数字版权保护司法案例进行揭示，给出了互联网数字版权保护的发展建议。本书适合作为法学、出版学等专业本科生、研究生的版权教材，也可以作为相关领域研究人员的参考读物。

4. 张慧春．数字出版模式下传统文化传承的版权问题研究［M]．北京：知识产权出版社，2020.

作者简介：张慧春，法学博士，目前任职于内蒙古大学法学院，内蒙古自治区知识产权人才智库专家。

内容简介：本书是一部研究少数民族传统文化数字传播与版权保护的著作。全书共五章，分别介绍了少数民族文化权利：数字出版与传统文化发展；少数民族传统文化传播：数字出版中的版权利益重构；少数民族传统文化传承：数字出版与图书馆；少数民族传统文化共享：数字出版与开放存取；数字出版模式下少数民族传统文化传承的版权规则构造。本书以第三次《著作权法》修正为背景，较为全面地分析了少数民族地区传统文化传承的版权问题，并提出解决方案，以助力中华优秀传统文化的传承与发展。本书适合作为知识产权、出版学等专业本科生、研究生的教材，也可作为相关领域研究人员的参考读物。

5. 朱梦云．论人工智能生成物的著作权保护［M]．北京：知识产权出版社，2021.

作者简介：朱梦云，法学博士，目前任职于华东交通大学人文学院，江西省知识产权学院研究员，国家知识产权培训（江西）基地成员。

内容简介：本书是一部研究人工智能生成物与著作权保护方面的著作。全书共五章，内容主要包括：人工智能生成物著作权保护问题的提出、人工智能的著作权主体资格问题、人工智能生成物的著作权客体问题、人工智能生成物的著作权归属问题以及我国人工智能生成物的著作权保护制度设计。本书以人工智能生成物为研究对象，提出了人工智能生成物应当被认定为著作权法保护的作品且适用于“特殊职务作品”保护制度，为进一步促进我国人工智能生成物保护制度提供了参考。本书适合作为法学、传播学、出版学等专业本科生、研究生的教材，也可作为相关领域研究人员的参考读物。

6. 陈丹，周卓．数字出版与数字传播研究［M］. 北京：知识产权出版社，2022.

作者简介：陈丹，北京印刷学院出版学院执行院长，主要研究领域为数字出版与传播。周卓，艺术学博士，任职于北京印刷学院出版学院，“韬奋实验班”建设团队成员。

内容简介：本书是一部论述当下数字出版与数字传播理论的著作。全书共六个版块，分别介绍了出版融合、数字版权研究、书业观察、在线教育与知识服务、网络视听研究、网游动漫及IP产业研究等方面的内容。其中有对AR童书出版的探讨，并就此对5G时代传统编辑转型的困境进行了分析；有对短视频平台侵权的讨论，并结合实际案例分析数字版权问题；有对知识付费平台营销策略的分析；有对有声书行业发展趋势的研究。本书涉及面广、内容丰富，适合作为出版学、传播学等专业本科生、研究生的教材，也可作为相关领域研究人员的参考读物。

7. 王志刚．大数据时代网络文学版权运营［M］. 北京：中国社会科学出版社，2022.

作者简介：王志刚，中国海洋大学文学与新闻传播学院教授，主要从事媒介知识产权、文化产业版权管理等方面的研究。

内容简介：本书是一部阐述我国网络文学企业版权运营策略的著作。全书共六章，内容主要包括：大数据与网络文学的生产传播、我国网络文学企业版权运营现状、美国数字内容产业版权改革的经验参照、我国网络文学产业版权运营的战略方向、我国网络文学出版企业版权运营的战略实施以及大数据时代网络文学版权运营链的构建与整合。本书从我国网络文学版权运营现状调研入手，借鉴了美国数字内容产业版权业务经验，提出在企业层面制定版权运营战略规划和实施策略，并构建科学的评价指标体系，以对版权战略运营实现动态性的控制。本书适合作为法学、文学、出版学等专业本科生、研究生的教材，也可作为相关领域研究人员的参考读物。

8. 唐伶俐．数字传播与版权保护［M］．武汉：武汉大学出版社，2022.

作者简介：唐伶俐，管理学博士，任职于武汉理工大学计算机科学与技术学院，主要从事数字传播、数字出版、版权保护前沿的科研和教学工作。

内容简介：本书是一部分析数字传播环境下版权制度面临的挑战的著作。全书共五章，内容主要包括：数字传播与版权保护概述、数字传播技术给版权保护带来的挑战、数字传播时代国外版权保护创新方略考察以及数字传播时代我国版权保护的路径选择、研究总结与展望。本书考察了技术发展与版权保护的关系，归纳了世界主要国家和地区对版权问题的典型应对策略，并针对性地对我国版权制度提出了建议。本书适合作为法学、出版学等专业本科生、研究生的教材，也可作为相关领域研究人员的参考读物。

9. 王金金．数字出版中的著作权问题研究［M］．合肥：中国科学技术大学出版社，2022.

作者简介：王金金，中国科学技术大学特聘副研究员，主要从事科技法、知识产权、创新管理等方面的研究。

内容简介：本书是一部分析我国数字出版中著作权问题的著作。全书共四章，内容主要包括：绪论、数字出版与数字出版中的著作权、数字出版著作权问题的逻辑起点、数字版权在数字资源使用中的作用与利益平衡。本书分析了数字版权的获取、使用和保护环节存在的问题，提出了相应的对策和建议，为数字版权及相关政策出台提供了立法支持，加快了数字出版与传统出版、技术标准及国际著作权的接轨，推动了我国数字出版产业的发展。本书适合作为法学、传播学、出版学等专业本科生、研究生的教材，也可作为相关领域研究人员的参考读物。

10. [以] 妮娃·埃尔金科伦，[以] 伊莱·M. 扎尔茨伯格. 数字时代的知识产权法经济学 [M]. 刘劭君，译. 北京：知识产权出版社，2023.

作者简介：妮娃·埃尔金科伦，以色列海法大学法学院院长，海法法律与技术中心创始人，研究重点为促进私人和公共控制信息生产和传播的法律制度。伊莱·M. 扎尔茨伯格，欧洲法经济学协会主席，研究方向为法学理论、法经济学分析、法律道德和以色列法院。

内容简介：本书是一部阐述当代知识产权法经济学的理论和实践的著作。全书分为四部分，第一部分是知识产权、法律与经济，分别介绍了法经济学导论、知识产权的兴起；第二部分是规范分析，主要包括激励范式、知识产权的专有权范式；第三部分是中央干预和私人秩序，分别介绍了知识产权与私人秩序的兴起、数字时代的知识产权——经济分析和技术治理；第四部分是实证分析。本书深入分析了当前法律框架在面对信息革命时所面临的局限性，并对研究方法和基本假设做出调整，以便将经济学的方法适用于信息时代下知识产权问题的研究。本书适合作为法学、出版学等专业本科生、研究生的教材，也可作为相关领域研究人员的参考读物。

二、科研案例

互动电影游戏失范行为与版权保护路径探析①

互动电影游戏既具备游戏特征，又具有故事文本属性，更强调玩家的沉浸性，在一定程度上实现了传统游戏中受众被动接受的审美客体与主动创作主体身份的融合，其发展趋势代表了数字时代用户体验娱乐方式的潜在革命，但游戏与电影的融合特性使其在实际操作中难以明确界定侵权行为和责任，这也对现有网络游戏管理提出了新挑战。2020 年 11 月修正的《中华人民共和国著作权法》，使用“视听作品”替代 2001 年版著作权法中的“电影作品和以类似摄制电影方法创作的作品”概念，并且明确了“视听作品”及其构成元素的版权问题，虽然一定程度上为网络游戏等新音视频作品的保护提供了思路和路径，但仍无法完全满足互动电影游戏行业对复杂规则的规范性需求，在现实案例的落实运用中仍存在很多操作上的困难。

目前国内关于互动电影游戏的分析和研究多集中在游戏叙事方式方法方面，阐述互动电影游戏的“可读性”与“可写性”，通过流畅的影像画面来弥补通关过程中剧情的割裂，并在游戏进程中呈现出“讲故事”与“编故事”的不同叙事范式。从行业规范角度入手，对网络游戏直播侵权、换皮游戏、云游戏侵权等问题的分析虽然不少，但都较为笼统，并未对网络游戏类型进行细化分类讨论。针对互动电影游戏知识产权失范问题的讨论，尚未有较成熟的研究成果，仅在个别文献中零散提及。本文拟引入信息伦理理念，通过网络民族志等方法，从互动电影游戏创作、制作运营到消费的不同阶段和层面，分析其生产传播过程中存在的知识产权失范问题及成因，预估解决方案的积极作用与消极影响，这样提出的保护路径才可能更有针对性和落实的可

---

① 赵博文、杨金花：《互动电影游戏失范行为与版权保护路径探析》，《中国版权》2023 年第 5 期，第 48—56 页。出于篇幅和形式考虑，本部分内容略去了文末参考文献。

行性。

（一）信息伦理视角下的互动电影游戏版权保护

知识产权从本质上说是新技术的产物，面对互动电影游戏知识产权保护出现的新问题，引入信息伦理理念有助于理解和化解其中的问题。

1. 信息伦理内涵及其时代特征

信息伦理的内涵。20 世纪 80 年代，随着信息技术的广泛应用引发一系列道德和社会问题，信息伦理引起学者的关注。随着信息社会的不断发展，其理论范畴经历了“计算机伦理—网络伦理—信息伦理”的动态性变化，外延得到相应拓展的同时，内涵认知也逐步深化并取得共识。广义的信息伦理并非局限于计算机伦理问题和网络伦理问题，而是包括整个信息领域中的伦理问题，“以数字化信息为中介的或涉及信息技术的伦理关系，不仅囿于人机关系和网络之中，同时还存在于非人机和非网络的人伦关系之中”。

信息伦理的时代特征。数字时代信息活动的特殊性与复杂性使信息伦理不同于现实社会的伦理，它具有三大特征：自主性、开放性与多元性。数字时代网络信息活动的发展需要公众自我约束、自我管理，以及更高程度的自主性。自主性是信息社会确立自律型新道德的前提和基础；开放性是其具体表现，指的是通过在线活动，不同个体之间的道德伦理行为得以交流与碰撞、冲突与融合；多元性指其来源性与结果性特征，与现实社会的伦理规范相比，网络信息活动中的道德行为更具兼容性，并呈现出价值观念的多样性特征。

2. 互动电影游戏及其知识产权隐忧

互动电影游戏及其游戏效应。互动电影游戏将可视化动态影像与游戏融合，具有游戏和电影的双重基因，满足了数字时代沉浸式游戏市场的需求。传统游戏注重游戏玩法，影像在游戏中处于次要地位；电影注重画面使用，但观众与画面的关系通常是被动的。互动电影游戏则将游戏的控制权下放给玩家，无形中增加了玩家的自主性和与游戏情节的互动性，游戏情节还能激发玩家的过往游戏体验，有助于进一步与未来游戏动作产生联结。随着虚拟现实、增强现实技术和社交媒体的普及，以及人工智能和深度学习技术的不断成熟，交互技术的应用拓展了游戏场景，互动电影游戏开始转向在线平台和社交游戏，但进展并不显著，直到2010年，法国量子梦游戏公司推出了互动电影游戏《暴雨》，才开启了互动电影游戏发展的新阶段。在接下来的几年里，量子梦又相继推出了《底特律：变人》和《超凡双生》等游戏，引发了游戏界对互动类游戏的关注和争相开发。《隐形守护者》是国内第一款自主制作并取得成功的互动电影游戏，在Steam平台上发售后，获得了用户的积极反馈，取得了销量和口碑的双丰收，引发了国内对互动电影游戏的关注。

可观发展前景中的知识产权隐忧。随着互动电影游戏技术的不断发展和消费者对游戏体验需求的增加，互动电影游戏发展开始加速，其市场潜力逐渐显露出来。市场调研公司Newzoo的报告显示，预计到2025年，全球互动电影游戏市场将以13.2%的复合年增长率增长，达到267亿美元的规模。这种良好发展态势下也潜藏着隐忧，伴随着大量资本的涌入，各大游戏公司开始抢滩布阵，快速发展中夹带着一股市场无序发展的乱流，游戏机制、游戏文本等侵权问题日益突出，知识产权保护的滞后在一定程度上制约了互动电影游戏行业的可持续健康发展。

3. 信息伦理助力互动电影游戏版权保护

互动电影游戏作为信息技术迭代下的文化创意型智力成果，其知识产权失范问题并非某一方的单独责任，而是需要多个相关权益群体的协同努力，才能更好地化解与解决。而且版权本身是一个功能性概念，版权法创设宗旨中天然就含有鼓励信息传播、促进公共利益的目的，因此版权保护研究中引入信息伦理理念，无疑是审时度势后一个必要、直接且合适的视角。因此，在相关法律法规尚未完善前，借鉴信息伦理理念，采取开放包容的综合性措施，对互动电影游戏中涉及的不同群体在不同发展阶段的不同立场进行研究和解读，既可以更好地理解新型版权作品类型及其市场发展过程中出现的问题，合理判断现阶段问题的性质与程度，在平衡各方权益的前提下，有效引导利益相关者在现有法律框架内找到解决问题的突破口，又可以为相关部门制定和修订相应知识产权法规提供参考，为互动电影游戏产业发展创造一个良好有序的市场环境。

（二）互动电影游戏失范行为及其成因

为了更好地了解问题实质与治理难点，需要我们对互动电影生产传播流程进行全方位透视和剖析，具体从创作层、制作运营层到消费层分析归纳失范现象，解析问题成因。

1. 创作层：游戏机制侵权界定困难，剧本版权问题突出

随着行业规模的扩大，互动电影游戏之间的竞争变得异常激烈。当前互动电影游戏整体创新力不足，一些游戏企业为抢夺用户、满足玩家娱乐需求而铤而走险，挑战行业灰色地带，长此以往，不仅会给正版创新性游戏带来巨大冲击，更导致玩家游戏体验感下降，严重影响互动电影游戏市场的健康发展。

(1) 游戏机制与玩法是否侵权界定困难

作为互动电影游戏的关键要素，游戏机制和玩法的成功与否至关重要，对其进行知识产权保护具有重要意义，但目前侵权界定困难。

在互动电影游戏中，游戏机制涵盖了玩家在游戏过程中遇到的交互元素、通关规则、人物数值积累和挫败挑战，涉及玩家的选择、分支情节以及玩家决策对游戏结果的影响。从法律角度来看，游戏机制可以被归类为知识产权中的专利部分。专利权是指对发明的独占权，用于保护独特的技术或创新性的游戏元素。在互动电影游戏中，特定的交互方式、游戏机制或技术创新，有一定符合专利保护标准的可能性，例如游戏引擎的独特功能、用户界面的创新设计或游戏机制的技术实现等，都有可能受到专利保护。但现有知识产权保护并不包括游戏机制，因为它们主要被视为功能性元素而非创造性表达。

问题的复杂之处在于，如果某些具有独特创新的游戏机制符合新颖性、非显而易见性和实用性标准的话，是极有可能符合专利保护条件的。截至目前，国内对互动电影游戏中交互机制的保护尚未有明确的政策表述。相应地，从游戏技术角度衡量，确定游戏玩法是否涉及抄袭也就相当困难。加之互动电影游戏主要以故事线的发展为核心，其中分支设计的法律界定相当复杂，

而且通常情况下玩家只有在购买后并进行游戏时，才能发现与其他类似游戏相似的剧情和分支线索设计。因此，对于游戏机制与玩法是否侵权，在实际操作中很难界定。

（2）游戏剧本盛行“拿来主义”

在交互技术和游戏机制设计水平快速趋于一致的情况下，精彩的游戏故事情节和创意丰富的游戏剧本对提升市场竞争力尤为重要，游戏剧本创作环节的版权问题也相应凸显出来。

互动电影游戏剧本来源非常广泛，包括以现实事件为蓝本进行改编的剧本、基于版权的改编剧本，以及由游戏开发团队自行创作的剧本，还有相当一部分是用户生成的内容。除了 Steam 平台，当前国内互动电影游戏分发平台以“橙光游戏”为主。橙光游戏上面的作品多以影视剧或网络小说为蓝本，剧情大多实行“拿来主义”，与原著没有太大区别，只对关键剧情进行细微增减，创意性内容少之又少，而且画面多为网络图片或影视剧背景图，游戏中的角色立绘则多使用明星演员的照片。这主要是游戏制作以 UGC（User-Generated Content，用户生成内容）为主，玩家在平台上经过简单的教学培训即可进行创作，并将其投稿给平台供其他玩家选择娱乐，再将玩家转化为创作者。玩家进入游戏主界面后可以通过点击游戏分类栏进行选择，其中“光影”和“明星”栏目中的游戏作品名称多以影视剧名为基础，在原著名称之后加上其他词缀，作为游戏作品的名称。

这种剧本制作方式无疑为游戏市场快速贡献了大量游戏作品，聚集了大量玩家，但同时也带来很多问题，不但剧情同质化现象严重，而且侵权问题数量多、界定复杂、追责困难，导致国内互动电影游戏较难出圈，除橙光游戏的《赤途》在 2018 年被游戏厂商买下版权，制作成《隐形守护者》并在 Steam 平台发售外，近几年几乎没有产生爆火的作品。

2. 制作运营层：主体责任界定模糊，审查把关意识淡薄

由于目前国内尚未明确界定互动电影游戏产品责任归属，以互动电影游戏为代表的虚拟现实叙事类游戏存在监管主体不明确、行业规范作用不突出、

监管参与主体积极性不高等问题，加之一些利益相关者急于变现和过于追求经济利益与市场份额，导致互动电影游戏市场主体责任界定模糊，审查把关意识淡薄。

（1）制作方式导致主体责任界定模糊

根据制作方式，互动电影游戏可分为采用高精度3D建模和CG动画技术的作品（如《底特律：变人》），以及采用真人实拍方式的作品（如《春逝百年抄》《飞跃13号房》《隐形守护者》），后者更接近影视剧的制作方式，目前国内制作以后者为主流。以国内第一款流行的互动电影游戏《隐形守护者》为例，该游戏改编自橙光游戏平台的《赤途》，最初只使用了影视明星真人立绘和现实场景插图，但因侵权问题被下架，后橙光游戏将其授权给New One Studio游戏公司，制作团队采用实景拍摄和视频、图片相结合的方式制作《隐形守护者》，游戏画面以图像切换播放为主，辅以短视频方式呈现。2019年初《隐形守护者》上线Steam，同年3月上线Wegame，扣人心弦的剧情颇受玩家好评，但随着游戏销量上升，市场上出现大量类似剧情的“换皮游戏”，但因很难确定它是一部电影作品还是一个计算机游戏软件，导致司法实践中难以界定主体侵权责任。

（2）运营审查把关意识淡薄

打赏是目前互动电影游戏的盈利方式之一，以橙光游戏为例，需玩家额外购买“花朵”并打赏给作者，以此方式解锁关键剧情。一些作者、游戏厂商急于变现和过于追求经济利益与市场份额，把大制作爆款游戏、流量剧或经典剧进行简单改编后，用低水平制作技术快速制成新的游戏作品投放市场，供玩家选择，以达到低成本高利润的目的。由于游戏运营平台缺乏负责任的版权审核和质量把关，这种创意表达度低，甚至游走在侵权边缘的行为，导致市场上出现了大量以“互动电影游戏”为标签的制作质量低劣的作品。笔者在Steam平台以“互动电影游戏”为关键词进行检索，国内游戏厂商发行的515款游戏，多数以悬疑、惊悚题材为主，剧情雷同，情节选择单一；橙光游戏平台的游戏数量更为惊人，据不完全统计，2013年至今，橙光游戏平台作品数量高达100万部，但多数为“弃更游戏”“快餐游戏”，这使那些制作精良的作品如《飞跃13号房》《隐形守护者》《神都不良探》等越发珍贵，相当于变相鼓励劣币驱逐良币，不利于游戏市场的健康发展。

3. 消费层：玩家娱乐至上，知识产权意识模糊

一些游戏平台和社交平台上充斥着大量玩家出于娱乐消遣、吸引流量目的创作或上传的游戏作品内容，涉及的知识产权问题繁杂又庸常，破坏了市场氛围和环境。

（1）用户生成的内容和衍生作品易引发知识产权问题

用户生成的内容和衍生作品，是互动电影游戏知识产权保护中需要重点关注的对象。用户生成的内容指的是由游戏玩家创作的内容，如MOD、自定义关卡和游戏内视频等，衍生作品则是基于或源自原始游戏的创作，包括改编、续集或分支作品。这些内容作品既带来了用户社区参与的机会，延长了游戏寿命，激发、激活了玩家的创造力，也容易引发知识产权侵权和所有权问题。因为玩家在创建此类内容作品时，极有可能引入受知识产权保护的原始游戏或其他作品元素。在互动电影游戏中，此类问题主要集中在对游戏故事情节的使用方面，包括游戏人物设定、人物关系发展、关键剧情推进和游戏画面设置等。擅自使用他人构成表达的核心情节且超出合理使用范围的行为，应被视为侵犯著作权，但很多玩家缺乏版权意识，出于娱乐消遣的目的，随意使用并任由其传播，破坏了平台的健康发展。

（2）玩家“云通关”行为对知识产权保护构成一大挑战

B站上以“互动电影游戏”为关键词进行视频检索，可以找到大量“通关视频”，这与游戏直播相似，但是否获得游戏官方授权是一个值得探讨的问题。以国内自制的互动电影游戏《飞跃13号房》为例，该游戏在Steam平台上线后，UP主们通过直播在社交平台上展示游戏试玩的过程，同时在B站发布大量的游戏通关视频，这些直播和录播行为对互动电影游戏的销售造成巨大冲击。因为对许多互动电影游戏玩家来说，这种“云通关”方式只需观看即可知道游戏的大部分核心内容，特别是了解了游戏所有可能的结局后，

一般不再有购买的欲望；对于社交平台上的潜在用户来说，点击观看上传的游戏视频更类似于欣赏电影作品，知道结局后通常也不会选择购买，这对于刚上市并引起许多玩家关注的游戏来说情况极为不利。

（三）互动电影游戏版权保护路径探析

熟悉相关历史的人都知道，每当一种新技术（如广播电视、互联网技术）兴起，知识产权失范问题就会周期性出现，而且知识产权保护的目的也不是防止传播使用，而是如何合理使用，即如何创造性使用、竞争性使用和消费性使用。因此结合上文的分析，可知问题的关键其实是如何重新平衡作者（权利人）、传播者与消费者三个群体之间的关系，即如何适应新技术产生的新市场问题，这是一个多层次、多主体协同治理的过程。引入信息伦理理念，可以帮助我们在现有法律框架内更好地梳理清楚错综复杂的权益关系，找到问题症结，在此基础上借助新技术手段提升治理效能，为互动电影游戏行业健康发展创设良性循环环境，使其快速经过知识产权失范的市场混乱期，健康可持续发展。

1. 完善信息伦理体系，实现自律自治

每当一种新技术兴起，一种短期内进入不到主流规则与研究视野的简单依赖先例（过往经验）或个人化的理解和推理，就会在实务性与边缘化的知识产权领域野蛮生长。从知识产权发展史及其合法性本身考量，互动电影游戏知识产权保护，首先需要从伦理层面进行规范。

（1）完善信息伦理体系，提升媒介素养

不断变化的媒介环境对公众的媒介素养提出了新要求，新媒介素养的教育不仅是个体自主学习的任务，也是宏观政策是否能有效落地的关键环节。互动电影游戏这类虚拟叙事游戏的发展，拓宽了媒介场景，玩家在网络圈层化、社区化的催生下将创造大量不同属性的虚拟现实空间，形形色色的言论与行为在空间场景中发酵，因此对伦理体系规范的建设尤为重要。而且未来的时代是信息互联、文化互融的高度媒介化时代，这要求我们进一步建构技术伦理与行政伦理并重的体系格局，对游戏企业及其从业人员开展与信息伦理相关的教育和培训，提升玩家媒介素养，让玩家在游戏前、游戏中、游戏后都能对法律伦理风险有较为清晰的感知和认识，自觉遵循法律伦理规范。

（2）加强伦理调节机制建设，充分发挥防火墙作用

所有的法律伦理规则都隐含着扩展与限制内容，需要进行合理的解读，而且越是一般性的规则，就越有解释的余地。在现有法律框架内，若要发挥伦理规范在互动电影游戏知识产权保护上的作用，就要加强伦理调节机制建设。因为伦理规范随信息技术的发展而不断变化，仅仅靠游戏作者、企业、平台和玩家等主体的自觉是远远不够的，需要将伦理体系中的抽象原则落实到规则机制层面，以良好有效的调节机制塑造公众信息伦理意识与媒介素养。这就需要将伦理这道防火墙，从顶层设计到技术落地等多个层面融入到互动电影游戏知识产权保护中，对此相关部门可以建立相应的信息伦理审查制度，将信息伦理审查内容清单化。

（3）发挥玩家反馈作用，实现信息伦理下沉

游戏研究学者泰勒将游戏视为在“游戏公司、技术和用户之间共同创造的动态生态系统”，认为玩家作为游戏传播的受众，在游戏生态中扮演传播效果评估的角色，同时也是评估游戏制作水平的主体。事实上，玩家作用不止于对游戏效果的反馈，他们对侵权游戏的发现和举报，对游戏知识产权的保护同样具有不可替代的作用。因此，厂商和平台不仅要引导游戏玩家在技术和内容效果方面反馈信息，还应积极引导其在信息伦理层面进行合理思考和反馈，在提升其媒介素养的同时，有效实现云空间契约伦理的下沉。

2. 健全监管模式，深化正向引导

在新技术的发展最终促使相关管理部门采取法律拟制，将知识产权保护范围延伸至互动电影游戏前，或修改相关法律法规前，需要相关部门健全监管模式，引导行业发挥自律和自我监督约束作用，鼓励多主体协同治理。因为知识产权保护不但涉及创作者与公司平台之间的博弈和利益平衡，而且权益的实现也有赖于用户的认可——使用与买单。集多功能于一体的游戏平台除了自律，更应该发挥正向引导作用。

（1）健全监管模式，充分发挥平台作用

在现有法律法规和政府监管的基础上，充分发挥行业监督的辅助作用，鼓励游戏玩家等多主体协同参与治理。以橙光游戏为代表的此类平台，应建立良好的内容创作机制，提高游戏信息发布标准，严格把关筛选用户投稿；对于未经原创者允许的非法转载和抄袭他人创作的内容，平台应畅通举报通道，及时处理并反馈；平台可以在适度范围内普及算法相关技术，将算法后果型处理机制融入算法过程，规避算法黑箱带来的信息不确定性，实现算法透明化，减轻因算法推荐而导致的用户对游戏信息形成的偏见，避免用户过度追求低俗化娱乐内容而缺乏理性思考。

（2）强化社交和社区功能，深化正向引导

平台可以发挥自身优势，建立强大的社区，促进正版用户之间的交流互动，打击游戏侵权行为；平台和厂商可以通过成立行业联盟，为用户供应更多合法来源的内容，保护权利人权益的同时，激励用户使用和支持正版发布；开发者在游戏中培养玩家归属感，营造尊重知识产权的氛围；平台和厂商通过营销与社区活动等，发布独家内容、奖励或附加功能，向玩家宣传强调合法副本的价值以及侵权的负面后果，培育尊重知识产权的文化。此外，持续更新和做好在线服务也能在一定程度上保护互动电影游戏的知识产权。平台和厂商可以采纳“游戏即服务”的概念和策略，定期更新游戏并提供额外内容，增强玩家的忠诚度，遏制侵权行为；通过提供持续的游戏价值和互动，激励玩家与官方渠道直接连接，避免玩家寻找未经授权的副本或低劣的仿制游戏来替代正版游戏。

3. 技术赋能，实现与伦理的双向互动

互动电影游戏知识产权失范问题虽然复杂，但通过上文分析可以看出，作者（权利人）、传播者（企业）与消费者三者之间权益平衡的核心，其实主要是经济权利保障问题，新技术为游戏行业的持续发展提供了新的可能。

（1）区块链技术赋能运营效果

区块链技术的一个关键特点是其能够提高透明度并创建不可篡改的记录，

有效保障各方权益。通过利用区块链技术，游戏开发者可以建立防篡改和分散化的系统，用于跟踪和验证游戏资产的所有权和许可信息。这确保了知识产权的真实性，并为互动电影游戏中的知识产权保护提供了透明的框架。与此同时，智能合约可以自动验证和执行许可条款，确保只有经授权的用户才可以访问和玩游戏。

通过区块链技术，所有关于游戏资产的交易和转移都被记录在区块链的不可篡改的分布式账本中。这意味着任何人都可以查看和验证这些记录，确保其准确性和透明度。每次资产所有权发生变化，相关的交易信息都会被添加到区块链中，生成不可更改的记录。这种透明度和不可篡改性为互动电影游戏的知识产权保护提供了重要保障。

区块链技术还可以解决现有系统中的信任问题。传统的知识产权保护机制可能需要通过第三方机构对知识产权进行有效保护，但这会增加成本并引发延迟情况。通过使用区块链，所有参与方都可以共享和验证数据，而无须依赖第三方机构。这种去中心化的特性使得知识产权的跟踪和验证更加高效和可靠，为开发者和权益持有者提供了更大的信任。但目前区块链技术仍在发展完善中，其是否能真实且有效地落地实施，仍需技术的成熟、法律伦理层面对智能合约规则的设定、应用层面知识产权监管机构等多方面的协同治理。

(2) 人工智能和机器学习算法提升运营效率

人工智能和机器学习算法通过数据喂养来学习和理解游戏内容的特征和模式，自动检测和识别可能存在的侵权副本，自动扫描在线平台、论坛和种子网站，以检测游戏盗版和知识产权侵权行为，在内容识别和侵权检测方面展示了极大潜力。这种自动化的侵权检测提高了反侵权盗版措施的效率和准确性，算法将识别到的知识产权资产与已知的授权内容数据库进行比对，使开发者能够高效地识别未经授权的副本并采取适当的行动，例如发出下架通知或进行法律诉讼。

人工智能和机器学习算法还可用于有关知识产权保护问题的预测和预防。

通过分析市场趋势、用户行为和在线活动，识别潜在侵权风险，并提前采取相应的措施。例如，监测和分析网络平台上的讨论和分享行为，发现和预防侵权行为。此外，人工智能和机器学习算法可与区块链技术相结合，共同构建智能合约和智能知识产权管理系统，通过这种结合，智能合约可以自动执行知识产权许可和授权，确保合法使用和正确的知识产权归属。同时，机器学习算法可以不断通过学习而适应新的侵权模式，从而提高侵权检测和防范的准确性。

结　语

互动电影游戏作为数字时代游戏的新产物，不仅为玩家提供了一种游戏选择的类型，同时也代表了文化创意产业发展的一个重要方向。我国互动电影游戏产业尚处于发展初期，大量存在的知识产权失范问题不仅挤压了正版游戏的生存空间，破坏了市场规则，更限制了以互动电影游戏为代表的虚拟现实叙事类游戏行业的健康可持续发展。在相关法律法规尚未完善前，迫切需要发挥伦理的规范作用，引导相关主体共同创造良好的游戏生态环境，以负责任的态度参与数字产品的开发、传播和使用。

三、教学案例

“懒人听书”案版权保护分析①

第一部分 案例正文

摘要：随着数字化时代的来临，有声读物以其独特魅力逐渐赢得人们的喜爱，但随之也产生了一系列版权问题。本案例首先介绍了有声读物版权侵权领域的标志性案件——“懒人听书”案的基本情况，探讨了有声读物制作行为的法律属性及其版权界限。其次，从案例设计角度，重点从授权环节复杂、管理困难角度分析了有声读物版权保护的难点以及责任难以确定的原因，可以使学生深入了解有声读物版权保护与一般图书版权保护的差异及其重点难点所在。

关键词：版权保护，有声读物，版权授权

（一）案例背景

随着数字化浪潮的到来，人们与互联网的联系日益加深，通过在线平台丰富自我成为趋势。在此背景下，图书出版行业正经历深刻的变革，从传统纸质书籍、电子书，逐步迈向有声读物的广阔天地。有声读物凭借其“解放双眼，随时随地听”的独特魅力，满足了现代人追求高效率的需求，从而在短时间内实现了爆发式增长。根据国际权威定义，有声读物指的是包含大量（至少 51%）文字内容，并以录音形式（如磁带、光盘、数字文件等）进行销售的产品。自 2003 年中国首个听书网站——听书网诞生以来，国内有声读物市场迅速崛起，如今已拥有超过 200 家专业网站及数百款音频内容 APP，其中喜马拉雅、荔枝等平台尤其令人瞩目。数据显示，近年来我国有声读物用户规模与市场规模均实现显著增长，这反映出这一新兴阅读方式正逐步渗

① 本案例为河北大学 2023 级出版专硕王雨同学作业，在杨金花老师指导下写作与完善。

透到社会各年龄层，形成庞大的市场需求。①

有声读物的兴起，不仅让阅读变得更加灵活自由，也激发了公众参与内容创作的热情。通过智能手机APP，普通用户也能轻松录制并分享自己的声音作品，这不仅丰富了有声读物市场的内容生态，也为更多原创作品提供了展示的舞台。由此，一条涵盖文字创作者、出版商、朗读者、音频制作及运营平台在内的完整产业链应运而生。然而，随着有声读物产业的蓬勃发展，版权问题也日益凸显，成为其健康发展的瓶颈。多家知名音频平台因版权纠纷遭遇法律诉讼，暴露出当前音频运营平台在版权审核、责任界定及侵权成本等方面的不足。面对这一挑战，构建完善的产业链条与健全的法律法规体系显得尤为重要。深入剖析有声读物的法律属性，明确版权保护边界，提出针对性的保护策略，对于促进有声读物产业规范发展、激发市场活力具有深远意义。

（二）案例主体

杭州互联网法院审理的“懒人听书”案，作为有声读物版权侵权领域的标志性案件，深入探讨了有声读物制作行为的法律属性及其版权界限，成为业界关注的焦点。

作者谢鑫拥有《72变小女生》一书的版权，却遭遇深圳市懒人科技有限公司（简称懒人公司）的侵权行为，该公司通过“懒人听书”平台擅自将其作品制作成有声读物并进行传播。懒人公司辩称其拥有多层授权链条，涉及杭州创策科技公司（简称创策公司）、杭州思变科技公司（简称思变公司）以及北京朝花夕拾文化有限公司（简称朝花夕拾公司）。然而，谢鑫坚称从未授权任何公司将其作品转化为有声读物进行网络传播。案件的争议焦点主要是以下几方面：(1) 界定被告行为的侵权性质；(2) 判断该行为是否在授权范围内；(3) 明确各被告应承担的侵权责任。

法院认为，谢某的作品被制作成有声读物，改变的仅仅是作品的形式，

① 林欣、甘俊佳：《法经济学视角下有声读物版权保护研究》，《中国广播》2021年第10期，第55—59页。

作品内容并未受到实质性的改变，因此涉案有声读物是对文字作品的复制，并非演绎行为，创策公司所取得的改编权不得作为制作有声读物的授权依据。根据合同内容，创策公司未取得对谢某文字作品的信息网络传播权。①

最后，在责任认定上，法院认为各被告均存在不同程度的侵权行为。懒人公司作为直接传播者，需承担主要侵权责任；创策公司作为原始授权方，因未明确授权范围而负有连带责任②；思变公司因实施了改编行为亦需担责；而朝花夕拾公司，作为未经授权即提供支持的第三方，其行为同样构成侵权，需承担相应的法律责任。本案还详细阐述了有声读物制作及传播的版权界限，明确了未经许可制作、提供有声读物的行为构成对文字作品复制权和信息网络传播权的侵害。通过信息网络向公众提供有声读物，需取得文字作品著作权人的许可或授权。未经许可擅自提供，侵犯了作者的信息网络传播权。③在本案中，懒人公司、创策公司、思变公司、朝花夕拾公司因层层授权链条中的某一环节缺乏有效授权，最终导致提供有声读物的行为未经原著作权人许可，构成侵权。

（三）案例总结

此案的典型意义在于为有声读物行业提供了清晰的行为规则和法律指引。在数字阅读时代，有声读物作为一种新兴的文化消费方式，其制作、传播涉及复杂的版权问题。本案的裁判结果不仅明确了有声读物的法律属性（是复制而非改编），还强调了版权授权的重要性及未经许可侵权的法律后果，对于推动行业健康有序发展具有重要意义。

（四）思考题

1. 有声读物是将文字作品通过朗读并录音的方式转化成一种新的作品。

---

① 方璐：《“有声读物”著作权保护研究——以三个典型案例为视角》，贵州民族大学2023年硕士学位论文。

② 齐雅文：《有声读物：先搞清授权内容再“发声”》，《中国新闻出版广电报》2018年8月16日。

③ 蔡金燕：《著作权视角下的图书馆有声阅读推广研究》，《图书馆学研究》2020年第1期，第83—87页。

在法律上，这种转化是否构成改编或复制？

2. 制作和提供有声读物是否涉及对原文字作品版权的侵害？

3. 在有声读物的制作和传播过程中，涉及多个主体（如制作者、传播者、平台等），这些主体之间的授权关系如何影响版权责任的承担？

4. “懒人听书”案对有声读物行业有何典型意义？

（五）参考资料

1. 林欣，甘俊佳．法经济学视角下有声读物版权保护研究［J］．中国广播，2021（10）：55—59.

2. 方璐．“有声读物”著作权保护研究——以三个典型案例为视角．［D］．贵州民族大学，2023.

3. 齐雅文．有声读物：先搞清授权内容再“发声”［N］．中国新闻出版广电报，2018-08-16.

4. 蔡金燕．著作权视角下的图书馆有声阅读推广研究［J］．图书馆学研究，2020（01）：83-87.

第二部分　案例使用说明书（案例教学提纲）

（一）教学目的与用途

1. 教学目的：使学生了解版权保护及其重要性。

2. 适用对象：出版专硕、编辑出版学高年级本科生。

3. 适用课程：出版法规、出版经营与管理、版权与版权贸易、出版物编辑与制作、音视频编辑与制作等。

4. 教学目标：使学生掌握有声读物版权保护的重点内容及责任确定问题。

（二）课前准备

布置课前作业：搜集有声读物侵权案例，观察这些案例是否具有共同点；检索资料，是否有相关法律法规对其进行解释；思考导致有声读物侵权的特殊原因有哪些。

（三）案例知识点

在有声读物版权保护的授权问题以及有声读物版权保护责任确定问题。

（四）启发性问题设置

1. 有声读物的制作过程中，朗读者的创造性劳动如何与原作品的版权相协调？

2. 在数字化时代，如何界定有声读物的制作和传播对原作品版权的侵害？

3. 法院在确定侵权责任时，考虑了哪些因素？这对未来的版权纠纷案件有何指导意义？

4. 如何优化有声读物行业的授权模式，以降低版权侵权风险？

5. 有声读物行业在未来发展中如何平衡创新与版权保护的关系？

（五）问题探讨与理性分析

1. 有声读物版权保护的难点主要体现在授权环节复杂、证据提取难、判赔额度低、侵权现象普遍以及跨地区协作机制不健全等方面。有声读物的制作涉及多个主体，包括文字作品作者、文字作品权利受让者、录音制品制作者、播讲者、录音制品传播者和内容传播平台等。① 这些主体之间的权利与义务关系错综复杂，授权链条长且可能涉及多层授权和多个平行的法律关系主体。有声读物是否构成对原文字作品的改编作品，还是仅仅是对原作品的复制，这在法律上还存在争议。不同的理解和界定会直接影响版权保护和侵权责任的认定。有声读物版权纠纷的证据多以电子信息的形式存在，具有专业性高、隐蔽性强的特点。调取这些电子证据时，需要扣押封存原始存储介质，并在满足特定条件时在线提取，其复杂程度远高于传统的物证、书证。②

由于有声读物的内容是音频形式，与文字作品存在形式上的差异，因此在进行内容比对时，需要借助特定的技术手段和专业知识，这增加了比对的

---

① 谭建宏：《突破有声读物版权保护困境的法治路径》，《出版发行研究》2020 年第 3 期，第 57—61 页。

② 谭建宏：《突破有声读物版权保护困境的法治路径》，《出版发行研究》2020 年第 3 期，第 57—61 页。

难度和成本。当前法律对于有声读物版权侵权的赔偿标准尚未明确，导致在实际判决中，侵权者所支付的赔偿金额往往低于权利人的实际损失和维权成本。有声读物版权纠纷的诉讼周期通常较长，涉及复杂的法律程序和证据收集过程，这使得权利人需要投入大量的时间和精力来维护自己的权益。有声读物版权侵权现象普遍，侵权方式多样，包括未经授权擅自制作、传播有声读物，以及通过技术手段绕过版权保护措施等。这些侵权行为给版权保护带来了极大的挑战。在有声读物版权纠纷中，证明侵权行为和责任归属往往需要充分的证据支持。然而，由于侵权行为的隐蔽性和复杂性，权利人往往难以提供充分的证据来证明自己的主张。有声读物版权纠纷案件往往分布在我国经济较为发达的地区，而侵权行为和责任主体则可能遍布全国各地。这种地域分布的不均衡性给立案后的调查取证、责任认定和财产保全带来了诸多困难。目前，跨地区的版权保护协作机制尚不完善，导致在处理有声读物版权纠纷时，各地司法和行政机构之间的协作不够顺畅，影响了纠纷的及时有效解决。

2. 有声读物的版权授权没有统一模式，授权环节管理困难。我国《著作权法》虽然对版权授权已经有明确规定，但在授权模式上并没有统一标准，传统主流版权授权模式主要可以分为直接授权、间接授权和其他授权模式。其中直接授权包括一对一授权、要约授权，间接授权包括集中管理授权、中介代理授权，其他授权模式包括默认许可模式和补偿金制度。① 在有声读物领域，将其版权授权模式分为单项权利授权、行为授权和混合授权三种更为贴切。因为这种分类方式更加具体，从有声读物制作过程入手，每种授权模式都是有声读物制作行为的体现，但这种版权授权模式并不是有声读物行业利用率最高的，更多还是选择传统版权授权模式，传统版权授权模式虽然比较稳定，但不能更好地适应互联网时代出版方式的发展。没有统一授权模式不仅会导致有声读物行业频繁发生版权授权纠纷，更会造成无法对版权授权

① 黄先蓉、刘玲武：《媒介融合背景下版权授权机制探析》，《数字图书馆论坛》2016 年第 7 期，第 2—8 页。

建立明确管理标准的后果。没有明确的管理标准，权利双方在授权过程中就无法合理规避授权使用风险。同时，合理授权模式是解决版权授权纠纷的关键因素，没有统一授权模式就无法对版权授权纠纷发挥指导性作用。有声读物行业之所以没有建立统一授权模式，一是因为数字出版时代内容的数量和形式众多，无法针对每种内容形式建立适配的授权模式；二是因为目前《著作权法》并没有针对有声读物版权建立相应的管理条例，自然有声读物版权授权模式就不成体系。

有声读物版权授权环节较为冗长，且目前版权授权管理不能做到覆盖每一授权环节，因此一些授权环节管理存在缺失。造成授权环节管理困难的主要原因有以下几方面：首先是法律条例上缺少版权授权环节管理相关规定，现有法律条例仅对版权授权行为进行解释，并未对授权环节以及授权管理等做出具体规定，因此面对冗长的授权链条时会出现授权权项不清、无权授权的情况。其次是各个授权环节授权主体不同，无法实现统一管理，但如果每个环节都分开进行管理，其成本会大幅上升，因此建立统一的授权环节管理体系是解决该问题的基本思路，如何建立这种体系、该管理体系最后的管理权应当交给谁也需要考虑。最后是授权双方忽视授权环节管理，大多数时候授权双方在授权过程中只是将重点放在双方关于授予权利的合作上，不会对其授权资格或者是否真的拥有可授予权利进行审查，在授权完成后更不会将精力放在管理相关授权环节上。授权环节管理缺失不仅会增加权利双方版权授权侵权风险，对有声读物行业版权管理造成不良影响，而且在一定程度上反映出相关法律法规对版权授权管理的疏忽。因此要改变这种现状，提高对版权授权环节的管理，需要从法律、行业和权利主体分别入手，着眼于小切口，不管是在理论上还是实践上都要落到实处。

3. 有声读物版权保护责任确定存在问题。首先，对于侵权认定的标准争议不断。目前司法实践中直接侵权认定常用服务器和用户感知两种判断标准，但这两种标准仅限于在实际案例中使用，并没有相应法律条文对其做出明确规定，这是因为两种标准在运用过程中都存在争议。服务器标准的诞生依附于互联网技术，但随着技术不断升级，侵权形式层出不穷，面对错综复杂的侵权案件，服务器标准适用性逐渐下降。这是因为服务器标准对侵权行为的判断太过局限，提供深度链接技术的行为主体只要没有直接在自身运营网站中提供作品内容，就不会将其判定为侵权。至于用户感知标准，主要在其客观性上存在争议，且主要分为两个方面，一方面是过于依赖用户主观认知。依据用户感知标准进行侵权判断时主要是从用户认知上入手，不同用户由于其信息接触时间和接触程度不同而存在信息差，因此用户之间对同一信息的认知存在差异，过于依赖用户认知而忽略实际存在的差异会导致案件判断结果出现误差。另一方面，以用户感知标准作为判断依据其本身就缺乏客观性。判断侵权行为应当坚持客观公正的原则，但用户感知标准由于掺杂着个人主观判断，缺乏客观性，可能会导致判断偏差。

其次，避风港原则的适用存在限制。在互联网时代，避风港原则虽然帮助网络服务提供者在一定程度上实现侵权风险规避，但任何事物都具有两面性，避风港原则在使用过程中仍然存在很多问题。避风港原则核心是“通知—删除”，但在网络侵权案件中“通知—删除”使用存在诸多问题。一方面是“通知”工作量巨大，网络中存储着海量信息，若不是有意去关注某条信息或内容，很难在第一时间发现侵权状况，且就算发现被侵权，权利人也需要一一通知侵权方，这一过程往往费时费力且收效甚微。另一方面，正是由于“通知”行为无法为权利人维权带来更多有利之处，因此导致“通知—删除”程序搁置，越来越多权利人在发现被侵权后不再通知侵权方下架删除涉案内容，而是直接起诉。侵权方滥用避风港原则来逃避侵权责任是目前存在的主要问题。避风港原则设立目的是帮助网络服务提供者规避不必要的侵权风险，保障互联网市场健康发展。随着网络服务发展和侵权现象增加，一些网络服务提供者开始滥用避风港原则，即便拥有能够支撑其进行作品内容审查的技术，他们也不会主动进行内容审查，而是任其发展，享受侵权作品带来的利益，直至收到来自权利人的侵权通知。除此之外，网络服务提供者还能利用其技术优势来掩盖网站内容的编辑、推荐或修改记录，迷惑受理法院对侵权方行为的认定。

（六）制订课堂组织计划

首先，让学生带着思考题熟悉案例内容。(5 分钟左右)

其次，通过启发性问题设置，引导学生认识到有声读物版权保护的重要性。(10 分钟左右)

再次，进行问题探讨和理论分析。(15 分钟左右)

最后，让学生进行理论迁移，分析自己了解的有声读物侵权案例。思考如果你是有声读物制作公司的负责人，你将如何避免侵权问题的发生。分析有声读物版权保护的重点和难点。(15 分钟左右)

（七）补充材料

提前到中国裁判文书网查询相关侵权案例的裁判文书，查询著作权法相关条款和著作权法实施条例相关内容。

童趣的版权运营策略分析①

第一部分　案例正文

摘要：童趣作为少儿出版领域的头部版权运营商，二十多年来积累了丰富的中外版权运营经验。本案例第一部分介绍了当前少儿出版市场的趋势和现状，在此基础上从引进版权和原创自有版权开发两方面讲述了童趣的版权运营策略；第二部分从教学设计角度出发，分析了选择合作商、版权本土化改造以及打造第二增长曲线的重要性，让学生能够更加深刻地了解版权运营的相关策略，从而让学生对图书版权运营有鲜活的认识和理解。

关键词：童趣出版有限公司，版权引进，自有版权打造，版权运营

（一）案例背景

在21世纪的前20年，得益于我国经济的繁荣发展以及人口数量的持续增长，少儿出版市场也由小到大，市场上的少儿出版物品种数逐年增加，少儿出版市场现已成为大众出版核心板块之一。开卷数据显示，少儿出版年动销品种数自2000年的3万余种增长至2024年的33万种，在图书零售市场的码洋占有率也从9.08%增长至近30%。②

在全面实施二孩政策的推动下，我国少儿出版市场蓬勃发展。众多出版行业参与者看好这一市场，竞相投身于少儿出版领域。截至2023年，在全国范围内，580余家出版社中，高达565家出版社投身于童书产品的出版，使得少儿出版成为整个出版产业中参与度最高、竞争最大的板块。这一现象不仅彰显了少儿出版市场的巨大潜力，也促使该板块的规模不断扩大。

然而，在这一繁荣景象的背后，一个不容忽视的问题是，我国新生人口数量却呈现出逐年下滑的趋势。从2017年的1758万人，降至2023年的902万人，新生人口的减少对少儿出版市场的发展构成了潜在挑战。尽管童书品

① 本案例为河北大学2023级出版专硕赵梓蓁同学作业，在杨金花老师指导下写作与完善。

② 黄璜：《站在十字路口》，《出版人》2024年第7期，第15—17页。

种数量持续增加，但人口红利的减弱无疑为少儿出版市场的未来增添了一丝不确定性。

新生人口数下滑导致了供需开始失衡，童书的品种效率自然下滑，滞销书开始增多。[①] 在2024年的“6·18”大型促销活动期间，为了守护出版行业的健康发展生态，共有56家出版社携手一致，共同抵制京东的低价促销。这一行动将出版机构与销售渠道之间因畸形折扣而产生的矛盾进一步激化。在这个背景下，中国少儿出版行业受到了外部环境变化与内部发展动能转化的双重影响，面临着一系列复杂的问题和挑战，造成了少儿出版业的生存发展困境。[②]

这些问题的存在，不仅揭示了少儿出版业在市场竞争中地位的尴尬，也暴露了行业在追求利润与维护品质之间的艰难抉择，由此导致的生存发展困境，使得少儿出版业不得不重新审视自身的经营策略和发展路径。在这一过程中，如何平衡商业利益与行业责任，如何适应市场变化的同时保持内容质量，成为少儿出版业必须要面对的关键议题。

在激烈的市场角逐和行业波动的大环境下，童趣出版有限公司（以下简称“童趣”）依旧稳健地展现出优异的经营成果，该公司的发展轨迹及所积累的经验，对行业发展具有宝贵的借鉴意义。童趣出版有限公司成立于1994年，是国内第一家经国家特许批准成立的合资出版企业，合资方为丹麦艾阁萌集团公司（Egmont）和我国的人民邮电出版社。童趣作为一家专业的少儿出版机构，以引进国际知名IP（Intellectual Property）起家，是优质的儿童内容运营商，在版权运营方面具有丰富的经验和显著的成就。过去的20余年，童趣将《米老鼠》《小公主》《芭比》《小熊维尼》《狮子王》《海底总动员》《海绵宝宝》《喜羊羊和灰太狼》《宝莲灯》《哪吒传奇》等中外故事带给了一代又一代的中国儿童，让“童趣”成为中国精品少儿卡通图书的代名词。

---

① 黄璜：《站在十字路口》，《出版人》2024年第7期，第15—17页。

② 张艾宁：《悬崖边的少儿出版该如何自救》，《出版人》2024年第7期，第16—19页。

（二）版权运营策略

童趣的版权运营主要分为两个方面：版权引进和自有版权发展。

在版权引进方面，童趣积极与国际知名出版社合作，引进高品质的图书资源，不断丰富其产品线。通过这种方式，童趣将许多国际知名的IP故事引入中国市场，满足了中国儿童对于优质阅读内容的需求。在IP运营模式上，童趣已经经历了三个时代。从以版权单向引进为特征的IP 1.0时代，迭代到版权资源双向流动的2.0时代，引擎是对不同IP及少儿图书市场深入了解基础上的本土化开发能力的爆发；进入IP 3.0时代后，和版权方一起，根据中国市场的特点和读者需求，在每个IP族谱下，共同创造新的IP形象和故事。①

除了一直运营的迪士尼相关IP之外，童趣还拥有很多经典影视动画IP，例如从国外引进的“Hello Kitty”“托马斯和朋友”“小马宝莉”等。在创办的前二十多年，童趣依靠出版这些知名IP的图书积累了丰富的优质出版资源，与国内外许多顶尖的授权商建立了稳固的合作关系。迪士尼作为童趣的首个合作伙伴，开启了童趣在出版领域的新篇章，不仅如此，童趣还与孩之宝、美泰等众多知名授权商维持着长期且良好的战略合作关系②，共同推动少儿出版业的繁荣发展。这些紧密的合作不仅为童趣带来了丰富的出版资源，也使其在少儿出版领域的影响力日益扩大，进一步巩固了其在行业中的领导地位。

2024年6月，童趣出版了《势不可挡的人类：不公平是如何产生的》，作者是以色列历史学家尤瓦尔·赫拉利，这是一本为儿童讲述人类简史的书。尤瓦尔·赫拉利的儿童版《人类简史》于2022年在美国出版后迅速登上《纽约时报》畅销书榜单，并被列入《纽约时报》2022年最佳童书书单。该书凭借题材新颖、内容质量优良以及良好的销售成绩引得国内十几家出版机构竞

① 参见史妍《做少儿出版领域最好的IP运营商——童趣的诗和远方》，出版发行研究公众号，2016-06-24。

② 参见史妍《做少儿出版领域最好的IP运营商——童趣的诗和远方》，出版发行研究公众号，2016-06-24。

相出价。由于童趣此前曾引进出版了《米老鼠》《冰雪奇缘》《托马斯》等众多国外品牌图书和期刊，也掀起过《哪吒传奇》《喜羊羊与灰太狼》等原创IP的书刊销售高潮，在优质内容的组织管理、IP运营、创新营销等方面优势明显，且其能凭借丰富的版权运营经验为尤瓦尔·赫拉利团队提供适合在中国出版的、量身打造的竞标方案，最终赢得了尤瓦尔·赫拉利团队的信任，“抢”到了儿童版《人类简史》的版权。

童趣在版权引进的基础上也在积极探索本土原创内容的开发，以满足读者日益多样化的阅读需求。近年来童趣出版注重打造自有版权，而自有版权在很大程度上与出版企业的原创生产力密切相关。

随着国家政策的调整以及国内图书市场环境的不断变化，“打造原创精品，讲好中国故事”已经成为新时代少儿出版的发展趋势。童趣顺势而为，将工作重心转向了打造原创精品，在原创能力建设上积极探索，产品结构也随之发生变化。童趣携手中国优秀的儿童文学作家讲好中国故事，深入挖掘传统文化资源，开发文博类产品，创立童趣研究院，加入汉语分级阅读读物新赛道，打造了“小羊上山”等畅销产品系列。特别是在少儿文学选题方面，童趣始终坚持原创加引进的策略。① 目前童趣的原创内容与引进IP的比例，从过去的2∶8左右，变成了现在的8∶2，甚至接近9∶1。②

当下童趣紧跟时代趋势，瞄准“国博热”风潮，充分结合自身的出版特色，积极发挥内容产业的资源与价值优势，延伸产品线，将“命运”真正把握在自己手里。童趣目前已经与中国国家博物馆、故宫博物院、敦煌研究院等实现合作，出版了一系列图书产品。“国博绘本”系列荣获多项大奖，“故宫御猫夜游记”更是童趣在自有版权建设上的典范之作。在传承和推广中华优秀传统文化的过程中，童趣巧妙地以深受欢迎的文化IP“故宫”为切入点，创造出了更贴近儿童的“故宫御猫夜游记”IP。童趣不仅出版了图书

---

① 参见张洁《这家引进IP起家的出版机构，为什么原创反而占比领先?》，百道网，2024-01-31。

② 参见张洁《这家引进IP起家的出版机构，为什么原创反而占比领先?》，百道网，2024-01-31。

《故宫御猫夜游记》，还深入挖掘和转化该IP的价值，跨界合作推出了手账本、冰箱贴等多种周边产品。凭借其内容的创新与卓越品质，从2020年至2024年，《故宫御猫夜游记》的图书销售额已突破1亿，“胖橘子”的呆萌形象赢得了众多孩子的青睐。再如童趣出版的《中国国家博物馆儿童历史百科绘本》，获得第五届中国出版政府奖中的图书奖提名奖等多个奖项。2023年8月，童趣出版的《博物馆里的中国故事·探秘古蜀国 儿童历史文化百科绘本》入选了第32届全国图书交易博览会少儿阅读节“百种优秀童书推荐书目”。未来，童趣也将继续深度挖掘博物馆这座巨大的宝库，让小读者在了解辉煌灿烂的文化历史的同时，还能获得新鲜有趣的阅读体验。①

（三）案例总结

在发展初期，童趣出版主要以引进和出版国外优秀的儿童文学作品为主，通过翻译和本土化改编，将这些作品介绍给中国的小读者；通过购买国外优质IP进行本土化开发，致力于将国外优质IP转化为适合中国市场的图书产品。这一策略的实施，拓宽了中国儿童的文化视野，让他们有机会接触和了解世界各地的优秀文化成果，有利于中国儿童综合素质的提高和国际视野的拓展。在推进过程中，童趣在童书出版领域也积累了宝贵的国际版权合作经验。这种本土化的IP开发策略不仅丰富了童趣的产品线，也使得童趣在国内少儿出版市场上占据了一席之地。

童趣在版权运营方面并非一成不变，而是随着市场变化和读者需求的转变而不断调整策略。当前，童趣正积极致力于原创力的培育，采用IP战略来打造独具匠心的原创品牌，塑造了许多高质量的原创IP。从米老鼠到博物馆，童趣适时调整策略，成功构建了自身的第二条增长曲线。在IP运营的征途上，童趣积累了丰富的经验，并在创新传统文化内容方面不断精进。

在市场竞争激烈的背景下，少儿出版机构需要不断创新以应对市场变化，确保行业的可持续发展。童趣这些在版权引进与自有版权发展方面的宝贵经

① 史妍：《从九成引进到八成原创，童趣怎样探索原创发展之路》，《书香两岸》2023年第114期，第42—46页。

验，为我国其他少儿出版机构提供了可资借鉴的范例。

（四）思考题

1. 在版权合作方面，童趣如何选择合适的 IP 合作商？

2. 推动童趣改变先前的产品结构、探索原创能力建设的因素有哪些？

3. 在发展自有版权方面，童趣如何确定开发原创品牌的方向和内容？

4. 与其他少儿出版机构相比，童趣在 IP 运营方面的优势有哪些？

（五）参考资料

1. 黄璜．站在十字路口［J］. 出版人，2024（7）：15-17.

2. 张艾宁．悬崖边的少儿出版该如何自救［J］. 出版人，2024（7）：16-19.

3. 史妍．做少儿出版领域最好的 IP 运营商——童趣的诗和远方［EB/OL］. 出版发行研究公众号，2016-06-24.

4. 张洁．这家引进 IP 起家的出版机构，为什么原创反而占比领先?［EB/OL］. 百道网，2024-01-31.

5. 史妍．从九成引进到八成原创，童趣怎样探索原创发展之路［J］. 书香两岸，2023（114）：42-46.

第二部分　案例使用说明书（案例教学提纲）

（一）教学目的与用途

1. 教学目的：让学生了解版权运营的相关策略和方法。

2. 适用对象：出版专硕、编辑出版学高年级本科生。

3. 适用课程：出版学概论、出版经营与管理、版权与版权贸易、出版物编辑与制作、出版物营销等。

4. 教学目标：旨在让学生深入理解版权运营，并进一步探索如何构建和推广原创品牌。

（二）课前准备

布置课前作业：让学生搜索自己关注的少儿出版机构有无版权引进的图

书，查找这些版权引进的图书在该机构图书种类中的占比，了解这类图书的实际市场效益；查找相关资料，了解在少儿出版领域中我国本土的原创品牌以及这些品牌取得了怎样的成就，初步探索促成这些图书双效俱佳或不佳的原因。

（三）案例知识点

版权运营策略，包括引进版权与自有版权开发。

（四）启发性问题设置

1. 童趣在版权引进方面取得了哪些成就？这些成就给童趣带来了哪些方面的影响？

2. 在版权引进和自有版权开发过程中，童趣如何做好“两手抓”？

3. 童趣在开发自有版权的过程中做了哪些关键性的工作？

4. 国内本土出版的少儿原创精品，可以通过哪些渠道提高其在国际图书市场上的影响力？

（五）问题探讨和理论分析

1. 选择合适的合作商。在出版企业的发展和运营中，精准选择合作商极其重要。童趣在挑选品牌授权商和渠道商的过程中，采取了一种全面而审慎的方法。首先，童趣会对潜在合作方的品牌定位、独特性、发展潜力以及商业价值进行深入的分析和研究。这一过程旨在确保所选品牌与童趣自身的市场定位和销售渠道完美契合，从而实现战略目标的协同。其次，在IP的选择上，童趣遵循一个明确的原则——不求最完美，但求最适合。在评价一个IP是否适合合作时，童趣会考虑几个核心价值维度，如粉丝基础的市场潜力、创作过程中的风险指数以及发行环节的风险规避。这些维度的综合考量，共同决定了IP的整体价值。以童趣选择的上海美影IP为例，《上海美影经典珍藏》连环画系列不仅蕴含着独特的艺术魅力，更承载着深厚的文化价值。这些作品由经验丰富的老艺术家们创作，运用了剪纸、木偶、水墨画、皮影、折纸等中国传统艺术手法，打造了一系列广受欢迎的经典之作。这些作品深受消费者喜爱，有效提升了童趣的品牌形象。上海美影本身就有庞大的受众群体，而且它的成熟度和市场认可度帮助童趣降低了创作和发行过程中的风险，确保了项目的稳健推进。在发行方面，美影厂致力于建立动画电影及系列片的销售发行网络，其作品在亚洲、欧洲和北美洲的市场上都有销售，同时在中国国内30多家电视台播放，影响力广泛。图书与动画片的完美结合，为图书的发行提供了强有力的保障。

2. 内容共建与本土化运作。在国际化战略的推进中，童趣不仅成功引入了国际顶尖IP，如“迪士尼”“海绵宝宝”等，更重视内容的本土化创新。以《米老鼠》杂志、《小熊维尼》、《天线宝宝》为例，它们通过童趣的精心策划，在中国市场取得了显著的成就。同时，童趣致力于打造符合中国读者口味和市场需求的作品，如《迪士尼我会自己读》系列，这些作品不仅汲取了国际先进的出版理念，更融入了独特的中国创意。在引入国际IP的过程中，童趣出版并不采取简单的复制模式，而是深入考量中国的国情和文化背景，实施本土化策略。针对中国市场发展的不均衡性以及中国家长对少儿读物在功能性和教育性方面的特别关注，童趣在内容的选择和制作上进行了调整和优化，确保了产品能够与中国市场的需求无缝对接，从而在本土化运作中取得成功。

3. 打造第二增长曲线的重要性。在本土原创环境日益成熟的背景下，从出版企业发展的角度来看，出版企业如果仅仅依靠引进版权这种单一的商业模式，企业未来的发展会有很大的不确定性，甚至有很大风险。因此，童趣应适时转变，打造自己的第二增长曲线，即从依赖引进版权转向开发自有版权。这种转变不仅有助于降低市场风险，还能更好地满足读者对本土原创内容的需求，推动中国少儿出版行业的创新和发展。童趣通过开发自有版权，可以更好地融入中国元素，创作出具有中国特色的少儿图书。这不仅有助于提高出版企业的核心竞争力，为企业未来的发展奠定坚实的基础，还可推动中国少儿出版的国际化进程，让中国的故事走向世界，让世界更好地了解中国。

为了让学生更深一步地了解版权运营中会遇到的问题以及相应的策略，

教师还可以用其他成功的版权运营案例作为教学延伸。以安徽少年儿童出版社（以下简称“安少社”）的“小猪佩奇”系列图书为例，可以探讨该系列图书获得成功的原因。

截至2023年，该系列图书的累计销售量已超过4000万册，发货码洋接近10亿元。早在2013年，安少社就引进了“小猪佩奇”的版权。“小猪佩奇”原版出版方企鹅兰登集团曾考虑将简体中文版版权授予国内另一家出版社，但安少社社长张克文和社长助理王利率团队多次与企鹅兰登中国区总经理王珍洽谈，展示出版决心。企鹅兰登对“小猪佩奇”品牌高度重视，经多轮商谈，最终决定由安少社出版。由于初期“小猪佩奇”在中国知名度并不高，安少社在引进版权后并未立即获得显著的市场反响，但营销团队持续观察市场动态，发现“小猪佩奇”一词在天猫平台的搜索量增长，说明潜在读者群体在扩大，于是安少社选择了线上知名电商平台作为首选营销渠道，实现了图书《小猪佩奇》良好的曝光和转化。2016年，“小猪佩奇”系列图书的销售码洋突破1亿元，其中“双十一”期间销售了13万套，销售码洋为1560万元。此外，“小猪佩奇动画故事书”（第二辑10册）在2016年度荣获了“桂冠童书”称号，这是由中国出版协会少年儿童读物工作委员会等机构联合主办的一项重要奖项。随着“小猪佩奇”动画片在中央电视台的播出，这一IP形象也广为人知，安少社该系列图书的销量进入井喷期，安少社也适时地陆续开发其他主题的系列图书，例如近年的《小猪佩奇发声书》，是专门为2—6岁学龄前儿童精心设计制作的小猪佩奇卡通图片点读发声书。

综合分析得知，安少社该系列图书的成功可以归纳为以下几个方面：一是积极的版权商谈；二是精准的市场定位和营销渠道；三是自身的品牌效应。除此之外，图书本身的优质内容也是该系列图书成功的关键。它展示了一个温馨美满的家庭以及家庭成员之间的相处之道，这些主题不仅对孩子有引导教育的作用，也能促使许多父母改变相处方式，提升育儿理念，因此赢得了许多家长和孩子的喜爱。

（六）课堂组织计划

首先，让学生带着思考题熟悉案例内容。（5分钟左右）

其次，通过启发性问题设置，引导学生认识到选择合作商、版权本土化改进以及打造第二增长曲线的重要性。（10分钟左右）

再次，进行问题探讨和理论分析。（15分钟左右）

最后，让学生进行理论迁移，分析自己熟悉的版权引进案例，探讨其在运营的过程中遇到的难题以及使用的策略，同时分析该案例的成功因素。思考如果你是出版社编辑，该如何进行原创版权内容的开发，可以从哪些方面挖掘切入点，并思考如何开展实际的工作。（15分钟左右）

（七）补充材料

提前上网搜集童趣的相关图文资料，包括可视化的具体数据内容；查阅童趣出版的相关产品和研究资料，包括版权引进部分和自有版权部分。

陕西师范大学出版总社的“一带一路”版权贸易策略分析[①]

第一部分　案例正文

摘要：输出优质版权，讲好中国故事，传播好中国声音，塑造好可信可爱可敬的中国形象，是赋能文化强国、增强国家文化软实力、提升中华文化国际影响力的重要举措。在此背景下，我国出版单位面临着推动我国出版产品高水平“走出去”并向纵深开展的时代课题。本案例首先介绍了陕西师范大学出版总社在“一带一路”沿线开展版权贸易的前瞻视野与积极实践：通过聚焦打造优质版权产品集群、构建多元化的国际合作平台和翻译平台、深耕优质内容等策略，显著提升了国际传播效果与合作深度。其次从教学设计角度，深入分析了版权贸易经营管理策略及其重要性。

关键词：陕西师范大学出版总社，版权贸易，“走出去”，“一带一路”

（一）案例背景

陕西师范大学出版总社（以下简称“出版总社”）成立于1985年，是国家新闻出版署批准的高校出版体制改革单位之一，由教育部主管、陕西师范大学主办。出版总社前身包括陕西师范大学出版社、陕西师范大学杂志社等，经过近四十年的发展，现已形成“一社两院一站”架构。“一社”即陕西师范大学出版总社，“两院”即陕西师范大学基础教育研究院、陕西师范大学出版传媒研究院，“一站”即陕西省院士工作站，总社年出版图书3800余种，其中出版新书1300余种，年出版期刊312期，在全国出版单位社会效益评价考核中连年获得优秀，双效显著，走上了发展的快车道。据《中国新闻出版广电报》报道，出版总社已经在版权创造、运用、保护和管理方面建立了长效机制，其软件正版率达100%，2015年被陕西省版权局授予“陕西省版权示范单位”称号，2016年被国家版权局授予“全国版权示范单位”称号，2017

① 本案例为河北大学2023级出版专硕王思琪同学作业，在杨金花老师指导下写作与完善。

年被中国版权协会评为“中国版权最具影响力企业”。①

输出优质版权，讲好中国故事，传播好中国声音，是增强国家文化软实力的重要举措。为了实现这一目标，国家实行“一带一路”重大决策，推出“经典中国国际出版工程”“丝路书香出版工程”等出版“走出去”翻译资助项目，提供了政策和资金方面的支持。出版总社地处西安，被周秦汉唐历史文化所浸润，人文社科基础深厚，且拥有陕西师范大学的学术资源与翻译资源。此外，由于参与了丝绸之路人文社会科学联盟、丝绸之路教师教育联盟、丝绸之路图书档案出版联盟及“一带一路”学术出版联盟等平台，出版总社可以快速与“一带一路”共建国家和地区建立出版联系与合作。由此，出版总社认为持续和深入开展“一带一路”版权贸易工作是有必要且具备条件的。

（二）出版总社“一带一路”版权贸易实践策略

1. 打造精品图书出版矩阵

出版总社在考虑如何实现版权输出快速增长、增强国际传播力时，意识到可以借助“经典中国国际出版工程”“丝路书香出版工程”等出版“走出去”翻译资助项目，于是精编精选“丝路主题优秀图书”进行集群式主题精品图书的版权输出。其中6种入选了“丝路书香出版工程”，《丝绸之路与文明交往》输出乌克兰文版、阿拉伯文版、哈萨克文版，《国家名片上的丝绸之路》（上、下册）及《丝绸之路千年史：从长安到罗马》《丝绸之路上的体育交流与发展》《八万里丝路云和月》输出俄文版；《丝绸之路千年史：从长安到罗马》《河西走廊：西部神话与华夏源流》输出白俄罗斯文版；“全球空间与‘一带一路’研究”输出阿拉伯文版；丝路文学作品《狼嗥：红柯中短篇小说集》输出英文版、俄文版、阿拉伯文版以及乌克兰文版，其俄文版还被俄罗斯国家图书馆收藏。该主题系列图书出版后，各输出国的主流媒体、网络平台及线下书店进行了及时有效的宣传与营销，广受国际读者好评。

出版总社还充分发挥现实题材原创文艺精品图书“小切口展现大图景，

① 陕西师范大学出版总社官网，2023年11月15日。

用小故事讲述大道理”的属性特点，努力通过一个个感人至深的小故事将中国故事推向世界。为了讲好中国共产党治国理政的故事，反映时代新气象、讴歌人民新创造，出版总社输出了《战“疫”家书》俄文版、《第一书记扶贫手记》白俄罗斯文版、《国家战略：延安脱贫的真正秘密》俄文版；为了讲好中国人民奋斗圆梦的故事，出版总社还输出《西京故事》（插图本）白俄罗斯文版、俄文版，《装台》（插图本）俄文版、意大利文版、葡萄牙文版；为了讲好中国共产党和中国人民血肉联系的故事，出版总社推出了《在西北局的日子里》韩文版和英文版。其中，陈彦的长篇小说《西京故事》（插图本）、《装台》（插图本）、《主角》（插图本）受到海外诸多知名出版社青睐，实现了9个版本、5个语种的集群式版权输出。

学术思想是共通的，用学术话语讲好中国故事，用学术话语表达中国思想，用学术话语阐释中国经验，是减少图书“走出去”中文化差异的有效途径。长久以来，出版总社始终坚持弘扬中华优秀传统文化，深入挖掘并提炼中华文明的核心精髓，在此基础上精心策划并出版了一系列学术精品图书。“诗说中国”全套9卷俄文版于2018年入选“中国图书对外推广计划”，于2021年底全部出版。该系列丛书在俄罗斯本土多个图书网络推介平台获文学、文化类奖项20余种。2021年，《神话叙事与社会发展研究》（阿拉伯文版）获得国家社科基金中华学术外译项目立项。该书由埃及开罗文学出版社向全球出版发行。2023年，《唐长安城考古笔记》英文版、俄文版同时获得国家社科基金中华学术外译项目立项并得到经费资助。该书由德国施普林格自然出版集团出版英文版，由俄罗斯东方文学出版社出版俄文版。

2. 依托海外平台影响力

为了提升图书版权国际运营能力，出版总社依托海外合作方平台的影响力，逐步贯彻重点突破、以点带面、整体推进、走深走实的营销方针，先后与韩国、俄罗斯等国家的权威媒体、文化与出版机构建立合作关系。这些合作伙伴不仅在当地拥有广泛的影响力和深厚的行业资源，还与出版总社在理念上高度契合，能够共同致力于推动文化交流与出版合作。出版总社与合作伙伴一道，在翻译出版、渠道开拓、宣传推广等环节精耕细作，成功推出了一系列具有国际影响力、社会评价高的引领示范项目。例如出版总社与陕西师范大学西北国土资源研究中心携手，由宁夏智慧宫国际文化传播集团有限公司代理，与阿联酋指南针出版社合作出版《全球空间与“一带一路”研究》阿拉伯文版，呈现“一带一路”倡议提出十年来中国学者的积极思考、使命担当和理论创造，为全球治理体系变革提供了中国智慧与方案。由此可见，携手卓越的版权代理公司与实力雄厚的海外出版社，强化对外宣传与营销策略，是有效突破文化差异、阅读习惯差异等壁垒，切实推进国际出版的本土化传播，推动我国出版“走出去”战略深入实施的关键路径。

3. 搭建翻译合作平台

译者的翻译能力直接关乎版权输出作品在海外市场的接纳度与影响力，是出版“走出去”战略能否成功的关键因素之一。全球化背景下小语种翻译需求激增，而当前市场高水准小语种译者稀缺，尤其是兼具卓越语言能力、深厚文化素养及精湛翻译技巧的复合型人才更是难得一见。尽管国内已初步建立起翻译人员库等服务平台，但其资源有限，难以充分满足出版社日益增长的多元化、高质量翻译需求。出版总社为此积极筹划并搭建起一个跨越国界的翻译合作平台，旨在整合全球范围内的优质译者资源，打破地域与语言的界限，形成高效协同的翻译生态系统，逐步构建起一支结构合理、素质优良的翻译人才队伍。

一是打造国内翻译出版合作平台。陕西不仅具有丰富的高等教育资源、深厚的学术底蕴以及璀璨的文化宝藏，还是外语精英、汉学研究者、国际访问学者及留学生的汇聚之地。开设小语种教学课程的外语院系更是出版“走出去”的强有力支撑。发挥国际化翻译人才的作用，促使他们成为传播中华文化、中国文学、中国学术的使者，能够切实提升出版译介与传播的质量，更好地开展国际文化交流与合作。

二是打造国外翻译出版合作平台。构建出版品牌的国际影响力是一个系统而复杂的工程，它要求出版社采取多维度、深层次的策略来优化海外布局，强化全球影响力。为实现这一目标，出版总社积极整合海内外合作伙伴的广泛渠道与丰富资源，精心搭建图书出版领域的智库交流平台与学术研究高地，旨在促进信息的自由流通、智慧的碰撞融合，以及翻译与出版之间的无缝衔接与良性互动，共同营造出一个版权贸易合作共赢、优势互补的全新市场生态。在全面伙伴关系的坚实支撑下，出版总社不仅成功推动了多个跨国界、跨文化的出版项目合作，更在资本、资源及战略层面实现了深度融合与协同发展。

4. 致力于内容建设

出版“走出去”是一项长远而艰巨的任务，它要求出版单位在全球舞台上深耕细作，以实现中华文化与中国声音的广泛传播与深度影响。这一进程的核心与精髓，在于通过高品质的内容创作与国际化表达，精准传达中华文化的独特魅力与中国声音的时代价值。在这一过程中，任何偏离高质量内容建设与有效国际传播的表面规模扩张，都是空洞而缺乏意义的，难以赢得国际社会的真正认可与尊重。因此，出版社必须坚定不移地将内容建设置于首位，视其为推动出版“走出去”战略成功的基石；而内容建设的源头活水，则深深植根于编辑的匠心独运与作者的灵感泉涌之中。编辑作为内容的策划者与组织者，需具备敏锐的洞察力与深厚的文化素养，能够精准捕捉时代脉搏，挖掘文化精髓，为作者提供方向与灵感；而作者则是内容的创作者与灵魂赋予者，他们的才情与智慧，将决定作品能否触及人心，跨越国界，成为连接不同文明与文化的桥梁。因此，为了做好做精内容，出版总社实行了如下策略：

一是深度提升编辑队伍专业素养。出版总社将提升编辑的选题开发能力作为核心任务，鼓励编辑团队深入市场调研，精准把握读者需求与行业动态。通过设立专项基金、提供专业培训与资源支持，激励编辑主动对接高水平作者，深入挖掘原创内容，积极抢抓优质出版资源。同时，加大对主题出版、学术出版、文学出版等重点领域的投入，力求在这些领域形成特色优势，持续做优做强，推出更多具有时代价值、学术深度和文学魅力的精品力作。为拓宽编辑视野，提升认知水平与策划能力，出版总社积极邀请国内外优秀作家、知名学者与学科带头人进行专题讲座与交流活动。为确保每个重点图书项目都能达到高质量的标准，出版总社不定期举办重点图书项目专家论证会，汇集了来自不同领域的专家学者，他们围绕项目选题、内容质量、市场需求等方面进行深入探讨与评估，旨在通过精益求精的雕琢，确保每个项目都能成为经得起时间与市场考验的精品之作。

二是深度依托作者资源。出版总社每年隆重举行“感恩出版，致敬作者”的年度盛会，以此表彰并感谢那些为出版事业贡献卓越力量的优秀作者，更在全社范围内牢固树立了“以作者为核心，精品引领未来”的发展理念。出版总社编辑与作者的双向互动不仅促进了编辑队伍专业能力的提升，也吸引并汇聚了一大批在国内乃至国际上享有盛誉的专家学者，形成了强大的原创内容生产高地。为了进一步强化这一优势，总社还构建了完善的制度保障体系，确保优秀的研究成果能够及时转化为高质量的出版物，并有效输出至更广泛的受众群体。同时，总社还积极探索多元化的出版转化路径，如数字出版、国际版权交易等，以最大化地发挥作者创作成果的社会效益和经济价值。出版总社通过深度依托作者资源，以制度为保障，以服务为纽带，成功构建了一个良性循环的生态系统，为原创精品力作的持续出版和出版事业的繁荣发展注入了源源不断的动力。

（三）案例总结

2015 年以前，出版总社版权贸易只有引进没有输出，引进图书版权共 248 个，主要是英语、法语、德语、意大利语、日语、韩语等语种。在迅速打开“一带一路”共建国家市场后，2015 年至今①，出版总社输出图书版权 55 个，主要是俄语、乌克兰语、白俄罗斯语、阿拉伯语、意大利语、西班牙语等语种，引进图书版权 64 个。至此，出版总社基本实现了版权贸易平衡。根据陕西省新闻出版局公布的相关数据，仅以 2018—2023 年入选国家出版“走出去”项目为例，陕西省 17 家出版社入选国家出版“走出去”项目共计

① 数据统计截至 2024 年上半年。

50余种，其中陕西师范大学出版总社入选33种，占比较大。自开展“一带一路”版权贸易工作以来，出版总社近百种图书实现版权输出，近50种图书入选中宣部对外出版项目及“丝路书香出版工程”“经典中国国际出版工程”等，先后获得“2020年度中国版权突出贡献奖”“2023年度中国版权影响力企业”等荣誉。

版权贸易工作的好成绩，需要多元策略的实施。出版总社以陕西高校资源和文化资源为依托，以原创品牌图书为亮点，以国内外翻译与智库平台为支撑，全面融入国际书业大市场、大循环，为大学出版社做好版权输出工作、实现原创精品图书“走出去”提供了有益借鉴，为全面提升中华文化国际影响力贡献了力量。

（四）思考题

1. 陕西师范大学出版总社为什么选择“一带一路”沿线开展版权贸易工作？

2. 陕西师范大学出版总社开展“一带一路”版权贸易工作的实践策略有哪些？

3. 出版“走出去”的核心目的是什么？为了实现这个目的，陕西师范大学出版总社着重采取了哪些措施？

（五）参考资料

1. 陕西师范大学出版总社官网，https://www.snupg.com.

2. 习近平．在文化传承发展座谈会上的讲话［J］．新华文摘，2023（21）：1-4.

3. 郭晓明，徐小玲．推动主题出版高质量走出去，提升中国文化国际传播能力：以中国人民大学出版社为例［J］．出版广角，2022（11）：22-26.

4. 深耕“一带一路”版权贸易，细做中华文化对外传播——以陕西师范大学出版总社为例［J］．出版广角，2024（13）：75-79.

5. 郝婷，钱品颐．中国主题图书“走出去”区域出版现状与发展思考——以陕西省地方出版社为例［J］．出版与印刷，2023（4）：17-27.

6.《全球空间与“一带一路”研究》学术研讨会在北京召开［EB/OL］. 光明日报客户端，2023-08-20.

第二部分　案例使用说明书（案例教学提纲）

（一）教学目的与用途

1. 教学目的：通过实际案例，使学生深入理解版权输出相关理论知识。

2. 适用对象：出版专硕、编辑出版学高年级本科生。

3. 适用课程：出版学概论、出版经营与管理、版权与版权贸易、出版物编辑与制作、出版物营销等。

4. 教学目标：使学生了解我国出版机构版权输出的现状，掌握我国出版社进行版权输出的具体实践策略，并进行反思与未来规划。

（二）课前准备

国家为推动版权输出工作都出台了哪些政策？思考这些政策对出版社的版权输出工作产生了怎样的影响；思考自己关注的出版社是否进行了版权输出？如果有，效果如何；版权输出后在国外市场表现良好的图书有哪些？思考出版社为什么要选择这些图书；查找相关资料，思考成功进行版权输出的出版社具体是如何操作的，有没有共同点？

（三）案例知识点

我国出版社进行版权贸易，特别是版权输出时采取的策略。

（四）启发性问题设置

1. 国内图书出版“走出去”现状如何？可以但不限于从成就和挑战两方面说明。

2. 陕西师范大学出版总社（以下简称出版总社）为何重点选择“一带一路”进行版权输出工作？思考出版“走出去”目标市场的选择。

3. 确定了目标市场后，出版总社采取了怎样的综合策略进行版权输出？

4. 在实践中进行反思与未来规划。如针对图书版权输出过程中关于文化差异的适应性、版权保护与维权、可持续的盈利模式、作者与编辑的国际化视野与能力等问题提出看法和建议。

（五）问题探讨和拓展延伸

1. 在了解国内出版“走出去”新格局背景下，引导学生深入理解版权贸易经营管理策略的重要性。当前，图书出版“走出去”的市场格局呈现出多元化、深层次的发展态势，具体体现在政策推动、产品优化、交流合作和产业布局四个方面。

其一，党的十八大以来，国家更加强调文化自信和讲好中国故事，这对图书出版“走出去”提出了更高的要求。图书出版“走出去”不仅意味着与全世界人民分享中国的经济成果、科学技术和文化观念，其本身也蕴含着巨大的经济效益。国家出台的一系列扶持政策，如“中国图书对外推广计划”“经典中国国际出版工程”“丝路书香出版工程”等，为图书版权的海外输出提供了强有力的支持和保障。①

其二，我国图书出版“走出去”的规模、数量、品种、效益乃至质量、体量、发展水平、影响力指标等不断取得新发展、新突破，尤其展示中国发展成就和塑造国家形象的主题图书日益受到海外市场的关注和欢迎。《习近平谈治国理政》《之江新语》《新质生产力》《溯源中华文明》《乡土中国》等一大批宣传推广中国共产党治国理政新理念新思想新战略、展现中华文化独特魅力的图书在国际市场表现亮眼，这在宣传党的创新理论，激扬人民奋斗实践，提升文化软实力等方面发挥了积极作用。②

其三，国内出版社纷纷加强与国际出版界的交流合作，通过设立海外分支机构、参与国际书展、开展版权贸易等方式，不断拓展海外市场。近年来，在法兰克福书展、伦敦书展等在内的 40 多个国际书展上都可以见到中国出版界的身影，越来越多的“中国故事”在海外落地开花。同时，一些领先的出版社还通过资本运作、资源整合等手段，加速构建全球化的出版产业链，提

① 冯凌：《借风而起扶摇上——对上海文艺出版社图书出版走出去工作的思考》，《出版参考》2024 年第 7 期，第 13—14 页。

② 赵庆：《推动图书出版高质量走出去》，2023-05-25，https://baijiahao.baidu.com/s?id=1766833166852808237&wfr=spider&for=pc。

升国际竞争力。如中南出版传媒集团股份有限公司入股法兰克福书展集团公司旗下的英国 IPR License 公司，浙江少儿出版社收购澳大利亚新前沿出版社等。

其四，数字出版是重要的新兴文化业态，我国图书出版“走出去”也在深入布局数字化，一大批电子书、数据库、网络文学、有声读物、游戏等优秀数字出版产品走出国门。《2022 年度中国数字阅读报告》显示，2022 年，我国数字阅读“出海”作品总量快速增长，高达 61.81 万部（种），相比 2021 年增长超过 50%。其中，网络文学的“出海”成长为当下最活跃、受众最多、覆盖面最广的文学样式和讲好中国故事、传播中国声音的生动文化名片。①

2. 除了出版总社这类综合性出版社外，教师还可以以其他出版社的版权输出策略举例。如广西美术出版社这一专注于艺术领域的专业出版社。面对文化差异、国际竞争力不足以及输出途径单一等挑战，广西美术出版社为推动中国传统文化图书“走出去”，精心策划并实施了多元化策略。

其一，精选图书主题，突出文化特色。广西美术出版社精选《中国名画 1000 幅》等中国传统绘画图书以及“壮族神话传说少儿绘本”等具有浓郁民族文化特色的图书进行推介，向韩国及英国等国家成功输出版权，向国际社会展示了中国传统文化的深厚底蕴和独特魅力；与日本新华书店株式会社联合策划出版“国学经典系列”，对原文逐字加注拼音，并分节分段做中文精彩解说和日文翻译，同时根据文字内容搭配与其相应的中国历代名画图片，图文并茂，让读者在接受中国传统文化熏陶的同时，进一步领略中国传统绘画之美，从而全方位地感受中国传统文化的巨大魅力。

其二，加强国际合作，拓展海外市场。广西美术出版社通过版权代理机构与国外多家出版社进行图书推介和洽谈，成功与韩国彩苑出版社、越南芝文化股份公司、英国 PROPOLINGO 出版公司等多家国外出版机构达成版贸

① 《2023 年中国网络文学发展研究报告》，2024-02-27，http://literature.cass.cn/xjdt/202402/t20240227_5735047.shtml。

合作，输出《中国名画1000幅》《千年侗寨 梦萦三江》《中国瑶族在金秀》等一批中国传统文化图书版权。此外，广西美术出版社还积极寻求与国外出版机构更为深度而紧密的合作，联合策划和推广中国传统文化图书。如广西美术出版社以版权输出、合作出版的方式出版具有中国传统文化元素的日文图书。通过与日本新华书店株式会社合作，成功地将“中国传统文化图谱系列”“国学经典系列”“中华经典书法描写”“工笔新经典系列”等一批优质的中国传统文化图书推向国际市场。

其三，实施本土化战略，实现有效供给。广西美术出版社与日本新华书店株式会社建立版权输出战略合作关系。日本新华书店株式会社对日本图书市场进行了细致的分析，并深入了解了日本读者的阅读习惯和偏好。调研结果显示，日本市场上存在大量含有中国元素的图书。此外，日本有对中国传统文化感兴趣并愿意学习中文的各年龄层的读者群体，他们通过网站积极订购相关中文图书。这些调研成果为出版社提供了宝贵的参考价值，使其能够更精准地定位目标读者群体，并据此开发和推广更符合日本市场需求的图书产品。

其四，借助外方优势，提高市场影响力。广西美术出版社依托外方公司的网络平台，通过线上线下相结合的方式，加大对中国传统文化图书的宣传推广力度。例如，利用社交媒体、网络平台等新媒体渠道，开展图书推介、文化交流等活动。广西美术出版社与日本新华书店株式会社联合开发中国传统文化图书后，图书销售方面采取“总经销＋网上销售＋实体店”销售的方式，总经销由目前日本最大的二手书销售商八木公司、日本最大的中盘商东贩及日贩代理，通过日本新华书店株式会社独立的销售网站新华书城、亚马逊网站、雅虎网店进行网上销售。①

3. 通过对以上案例的分析，教师可以引导学生归纳汇总目前国内图书出版“走出去”的成功实践策略，一言以蔽之：紧跟国家政策导向，充分利用

① 吴雅：《跨文化语境下推动中国传统文化图书走出去——以广西美术出版社为例》，《出版广角》2024年增刊，第32—34页。

政策红利，精准定位目标市场，以优质图书产品为抓手，搭建各类合作平台，利用多方优势，切实提升国际传播效能。

（六）课堂组织计划

课前，发布课堂预习任务。

课堂上，首先让学生带着思考题熟悉案例内容。(5分钟左右)

其次，通过启发性问题设置，引导学生对出版总社的版权输出策略有更深入的理解。(15分钟左右)

再次，进行问题探讨和拓展延伸，让学生认识我国出版“走出去”的整体格局和其他出版社的版权输出策略，并进行归纳总结。(10分钟左右)

最后，进行理论知识迁移，让学生以自己熟悉的出版社为例，假设自己是该出版社的编辑，思考实行什么样的策略进行版权输出工作。(15分钟左右)

（七）补充材料

阅读文章《新时代我国出版走出去的非凡十年》；到出版总社官网和其他平台收集该社进行版权输出的相关图文资料；查阅主流媒体对于不同出版社版权输出工作的报道和评价。

清华大学出版社的版权输出策略分析①

第一部分 案例正文

摘要：版权输出在国际经济与文化交流日益密切的当下，有着愈发重要的地位，成为各大出版机构争相研究与实践的领域。本案例首先介绍了清华大学出版社在版权输出方面的经验做法；其次从教学设计角度，分析了版权输出的意义、原则和原理，使学生能够更加深刻地理解和认识版权输出，从而在未来实际工作中做好版权输出工作。

关键词：版权输出，清华大学出版社，走出去

（一）案例背景

清华大学出版社成立于1980年6月，是教育部主管、清华大学主办的综合性大学出版社。作为国内领先的综合性教育与专业出版机构，清华大学出版社先后荣获“先进高校出版社”“全国优秀出版社”“全国百佳图书出版单位”“中国版权最具影响力企业”等荣誉。

清华大学出版社的海外合作业务始于20世纪90年代初，1992年翻译出版了首批中文版微软技术图书，是国内率先开展对外版权贸易的出版机构之一。清华大学出版社依托国内外高等院校和学术机构，积累了广泛而优质的作者和译者资源。该社的许多作者及其作品，或代表了国际领先的学术研究水平，或体现了中国高校人才培养的最新成果，或展示了中华文化的永久魅力，受到国内外读者的青睐。与多家国际著名出版公司建立有长期业务往来，如培生教育、爱思唯尔、施普林格、麦格劳希尔、约翰·威立、泰勒·弗朗西斯等，累计引进数千种优秀作品，已有上千项图书版权输出到北美、欧洲、亚洲等国家和地区，促进了教育、学术与文化的国际交流。

清华大学出版社在版权输出方面的努力值得全国大学出版社学习，也为

① 本案例为河北大学2023级出版专硕史淑婷同学作业，在杨金花老师指导下写作与完善。

大学出版社版权输出的进一步发展提供了参考。

（二）版权输出主要类别及其经验做法

清华大学出版社依托清华大学的顶级学术资源，出版了许多科技和教育类图书。这些图书反映了我国的科技实力和教育水平，展现了现代中国的形象。同时，与其他种类图书相比，这类图书中由文化差异导致的沟通障碍较少，外国读者能够更好地理解这类图书的内容，跨文化传播难度较小。因此，清华大学出版社以科技教育类图书为抓手，积极推动版权输出的实践。清华大学出版社在推动版权输出的过程中，也受到了多方面因素的积极推动和影响，从而形成了自己的发展策略。

首先，是国家的支持与出版社自身在制度设计上的努力。清华大学出版社借助国家一系列“走出去”项目的相关评审制度和扶持政策，深入研究国家“走出去”项目重点支持的内容和选题，从而“对症下药”，以更加高效的行动筛选出相关选题，推动本社图书“走出去”的发展。近十年来，清华大学出版社有近90种图书入选国家级“走出去”相关工程，极大地推动了其版权输出事业的发展。此外，清华大学出版社本身也十分重视版权输出相关工作。早在1992年，出版社就专门成立了海外合作部，建立标准化工作机制，培养从事图书版权工作的专业人才。对于版权交易，清华大学出版社还出台了相关的奖励政策，如《清华大学出版社海（境）外出版奖励办法》等，对参与版权相关工作的个人进行奖励，极大调动了工作人员参与版权活动的热情。

其次，清华大学出版社突出大学社特色，依托学科优势，努力传播高校科技发展成果与人才培养成果。清华大学出版社作为清华大学主办的出版机构，依托清华大学的顶级学术资源，在科技教育类图书的版权输出过程中具有天然的内容优势。多年来，清华大学出版社坚持与爱思唯尔、施普林格等国际学术出版巨头进行合作，在版权输出过程中充分体现科技教育类图书这一出版特色，通过该类图书的版权输出，向世界展示中国的科研实力和科技力量。同时，清华大学出版社也努力向世界传播高校人才培养的成果。2017

年 10 月，清华大学出版社和清华大学研究生院及施普林格三方共同签署《优秀博士学位论文（英文版）出版合作协议》，对清华大学优秀博士论文英文版进行合作出版，共签约 23 种，已出版图书 11 种。清华大学出版社还向国外出版机构输出一些优秀的国内高校教材，为世界了解中国高校的人才培养体系打开了窗口。

最后，积极参与国际书展，提高出版社和图书在国际图书市场上的知名度。毫无疑问，清华大学出版社在国内图书市场中有着响亮的名号，但如何让出版社和图书更好地走进国际图书市场，是出版社需要考虑的问题。为了在国际图书市场中打响名号，为日后的版权输出提供便利条件，清华大学出版社积极参与国际书展，争取每次参与展会都能够给国外出版机构留下印象。此外，清华大学出版社还借助国家搭建的外宣平台，持续更新产品信息，多渠道展示本社图书，从而助力图书的版权输出。

总而言之，清华大学出版社借助国家相关政策，在出版社内部进行了有利于版权输出的顶层设计，依托大学资源和学科优势，对外传播相关优秀图书。同时，借助国际书展和外宣平台，提升图书的海外可见度，推动了科技教育类图书的版权输出工作。

（三）案例总结

自 20 世纪 90 年代清华大学出版社开展海外出版合作以来，清华大学出版社图书的版权输出工作稳步开展，输出了一大批具有优质内容的科技教育类图书，为我国大学出版社的版权输出工作提供了参考路径和努力方向。同时，在清华大学出版社图书版权输出的过程中，也培养了一批专长于版权贸易、图书翻译等相关环节的专业人才，为我国出版业发展做出了贡献。

“十三五”时期，清华大学出版社与 27 个国家和地区的 77 家出版机构有版权业务往来，迄今已有 1300 余项逾 30 个文种的图书版权输出到北美、欧洲和“一带一路”共建国家。另外，还有 600 多种图书已完成中文繁体字版权的签约，其中 400 余种已在中国港澳台地区和世界其他华语区域出版发行。输出的这些版权图书中，许多是由国际著名的出版机构出版发行，并通过施普林格、爱思唯尔、亚马逊、巴诺书店等专业营销网络进入全球主流市场和图书馆。

清华大学出版社图书版权输出数量位列全国单体出版社前十，多种图书入选中宣部丝路书香工程、经典中国国际出版工程等国家重点工程；自2017年以来，连续8年被列入商务部等五部委共同评定的“国家文化出口重点企业”名单；是“中国图书对外推广计划工作小组”首批成员单位、“一带一路”共建国家出版合作体成员单位、国内首家成为国际科学技术与医学出版商协会会员的大学出版社；曾荣获“中国图书对外推广计划特别奖”。

清华大学出版社版权输出工作是在多方因素的共同促进下取得的成功，这些因素也可以为国内其他大学出版社的版权输出工作提供借鉴。

（四）思考题

1. 清华大学出版社在促进版权输出工作过程中都受到了哪些因素的推动？

2. 清华大学出版社重点进行版权输出的图书类别是什么？选择这类图书的理由是什么？

3. 清华大学出版社自身为版权输出工作进行了哪些努力？

4. 与其他出版社相比，以清华大学出版社为代表的大学出版社，在版权输出工作中具有哪些优势？

（五）参考资料

1. 清华大学出版社官网，http://www.tup.tsinghua.edu.cn.

2. 卢先和，赖文琼．以图书为媒传播中国科技教育声音——清华大学出版社图书“走出去”工作实践［J］. 新阅读，2024（1）：12-13+15.

3. 邱显清．培育一流科技期刊集群 建设高水平国际出版平台——清华大学出版社的探索与实践［J］. 新阅读，2023（9）：21-22.

4. 邱显清，石磊，梁斐．高质量发展视域下大学出版社学术出版的时代价值与实践进路［J］. 科技与出版，2023（12）：5-10.

5. 卢先和．出版业高质量发展的内涵、要求与路径——以清华大学出版社为例［J］. 科技与出版，2023（6）：27-32.

第二部分　案例使用说明书（案例教学提纲）

（一）教学目的与用途

1. 教学目的：使学生了解版权输出的相关因素及理论知识。

2. 适用对象：出版专硕、编辑出版学高年级本科生。

3. 适用课程：出版学概论、出版经营与管理、版权与版权贸易、出版物编辑与制作、出版物营销等。

4. 教学目标：使学生掌握版权输出的条件，了解推动版权输出的因素。

（二）课前准备

布置课前作业：思考你关注的出版社有无版权输出的图书，思考这些图书有没有共同点，你认为出版社为什么选择这些图书进行版权输出；查找相关资料，成功进行版权输出的图书在国际图书市场上取得了怎样的成就，都有哪些因素促进了这本书版权输出的成功。

（三）案例知识点

版权输出的影响因素与输出图书的选择。

（四）启发性问题设置

1. 清华大学出版社在版权输出方面取得了哪些成就？这些成就又给清华大学出版社带来了怎样的影响？

2. 除科技教育类图书外，清华大学出版社的其他类别图书是否进行了版权输出？取得了怎样的效果？

3. 国家为推动版权输出工作都出台了哪些政策？这些政策对出版社的版权输出工作形成了怎样的影响？

4. 对于输出到国外的图书，出版社可以通过哪些渠道提高其在国际图书市场上的影响力？

（五）问题探讨和理论分析

1. 版权输出的重要性。在国际交流与合作愈发密切的今天，版权输出的重要性不言而喻，它在文化、经济等方面都具有重要影响。

首先，在文化方面，版权输出是文化交流与传播的重要途径。通过版权输出，我国的优秀出版作品就可以输出到别的国家，让世界更好地了解中国。这种跨文化传播的方式也有利于增强世界各国人民的相互理解，促进世界文化的多样性发展。其次，版权输出有利于经济的发展和产业的升级。版权作为一种日渐发展的无形资产，是各出版社在发展过程中绕不开的话题。版权输出可以使出版社获得经济利益，同时，版权输出的过程还涉及版权贸易、翻译等多个环节，大力发展版权输出也有利于这些环节的发展，从而形成良性循环，促进经济的持续健康发展。再次，版权输出有利于提高我国的国际影响力。文化，具有浸润人心的力量，优秀的作品往往能够跨越国界，吸引全球读者的目光。通过版权输出，向世界输送优秀的作品，可以让世界看到中国的发展情况，了解中国的优秀文化，从而增强中国的文化软实力。同时，输出版权的作品也是展示中国形象的窗口，世界读者可以通过这些作品更好地了解中国、爱上中国。最后，版权输出可以助推文化的创新。版权输出的第一步就是选择优秀的作品，这就激励着广大作者不断进行文化创作，争取未来某一天自己的作品也可以走入国际出版市场。同时，版权的输出工作往往与版权的输入工作相辅相成，在我们的优秀作品走出国门的时候，国外的先进理念与创作技术也可以为中国的文化创新提供新的思路和灵感。

2. 版权输出需要遵循的原则。随着国际版权合作的不断深入发展，版权输出成为出版业日益关注的话题。版权输出涉及翻译权、复制权、发行权、重印权以及合作出版中的其他相关权利，这就要求各出版机构在进行版权输出时，要遵循一定的原则，以保证输出的有效性和合法性。第一，版权输出需要选择适合的图书品种。对图书品种进行选择要考虑多个方面的因素，版权输出的图书在国际图书市场上代表着我们国家的形象，必须选择能够体现我国文化特色、反映我国现实、展示我国发展成果的图书。同时，在对图书进行选择时，也要充分考虑输出国的现实情况，尽量避免可能会与输出国产生文化争议的内容。第二，版权输出要充分调研输出国图书市场，选择合适的出版时机与出版方式。版权输出是一个需要长期筹备、精心准备的工作，涉及选题、版权贸易、翻译等多个环节，为了使版权输出的图书能够在输出国取得更好的效果，必须要掌握版权输出各环节所需大致时间，力争能够结合输出国的特殊时间节点推出相应图书。同时，对于版权输出方式，出版机构也需充分考虑输出国国情，灵活选取风险小、收益高的方式，在符合国际公约和输出国法律法规的前提下，确保图书版权输出的质量和效果。第三，版权输出要加强国际合作与交流。国内出版机构应积极与国际出版机构建立合作关系，共同促进版权贸易的开展。同时，国内出版机构也要积极参与国际书展等交流活动，展示中国优秀图书产品，扩大中国图书、中国出版机构在国际上的影响力。

3. 原理。清华大学出版社为什么能在版权输出方面取得良好效果？在符合版权贸易经营管理基本要求的基础上，结合自身资源禀赋，将“走出去”工作“走深走实”。首先，清华大学出版社选择了适合的图书品种。清华大学出版社选择了科技教育类图书进行版权输出，在这个图书类别中，清华大学出版社借助清华大学丰富的学术与教育资源，集中力量发展优势领域，且科技教育类图书文化差异较小，可能存在的沟通障碍较少，更加有利于跨文化传播。其次，清华大学出版社充分利用了各种有利因素来发展图书的版权输出。清华大学出版社深入研究国家相关政策，筛选本社中符合国家要求的图书，进行版权输出，充分利用了国家的扶持政策。清华大学出版社自身也出台了多项政策，鼓励员工参与版权贸易工作。除此之外，清华大学出版社借助国际书展和外宣平台，运用多种手段提高本社在国际上的知名度，为版权输出工作的进一步开展打下坚实基础。

为了让学生更好地理解版权输出工作中需要考虑的多种因素，教师可以以其他成功进行版权输出的图书为延伸，使学生进一步体会版权输出工作的复杂性。如尝试分析云南教育出版社《短鼻家族旅行记》一书版权输出成功的因素。2020 年 3 月到 2021 年 8 月，云南一群野生亚洲象的北上之旅引发全球热议。云南教育出版社抓住这一热点，迅速组织业界权威作者，创作完成了《短鼻家族旅行记》等三本图书。《短鼻家族旅行记》是国内讲述此题材的第一本少儿出版物。该书绘画风格清新淡雅，文字兼具科普性与文学性，受到了广大读者的欢迎。

2021年9月，云南教育出版社与加拿大皇家柯林斯出版集团在第28届北京国际图书博览会期间签订了《短鼻家族旅行记》英文版的版权输出协议。同年10月，该书英文版在《生物多样性公约》缔约方大会第十五次会议期间正式登上美国亚马逊、巴诺书店等主流销售平台，开始全球预售。2022年10月，《短鼻家族旅行记》英文版入选中国出版重点推介图书"阅读中国"第二期项目，在第74届法兰克福书展上展出，成为该项目集中展示40余种图书中少儿类的首部推荐图书。① 随后，该书又实现了泰文版版权的输出。

分析《短鼻家族旅行记》版权输出的成功，不难发现以下几点因素的影响：第一，云南独特的地域、区位优势，为云南出版提供了独特的内容资源。《短鼻家族旅行记》一书就是借助了"全民观象"的热点，延续云南"大象品牌"热度，继续发挥"大象传播"效应，讲述了生物多样性保护的云南经验。② 第二，借助《生物多样性公约》第十五次缔约方大会领导人峰会的影响，扩大图书知名度，助推图书版权输出进程。第三，充分利用出版社已有的国际合作资源。自2020年以来，云南教育出版社与皇家柯林斯出版集团以英、法两大语种翻译出版了15本授权图书，形成了良好的合作关系。《短鼻家族旅行记》一书英文、法文版的顺利输出正是双方互相信任、默契配合的成果。

（六）课堂组织计划

首先，让学生带着思考题熟悉案例内容。(5分钟左右)

其次，通过启发性问题设置，引导学生认识到版权输出及输出品类选择的重要性。(10分钟左右)

---

① 《〈短鼻家族旅行记〉入选2022年法兰克福书展中国出版重点推荐图书》，https://baijiahao.baidu.com/s?id=1747456583359997554&wfr=spider&for=pc。

② 杨雪、杨峻：《绘本〈短鼻家族旅行记〉多语种海外传播的探索与实践》，《学园》2023年第24期，第78—80页。

再次，进行问题探讨和理论分析。(15 分钟左右)

最后，让学生进行理论迁移，以自己熟悉的出版社为例，分析其在版权输出工作中的有利因素。思考如果你是出版社编辑，会选择哪些图书进行版权输出，并思考如何利用有利因素，进行图书的版权输出工作。(15 分钟左右)

(七) 补充材料

提前到清华大学出版社网站收集一些图文资料；到图书馆、资料室借阅清华大学出版社成功进行版权输出的图书产品；查阅清华大学出版社相关产品和研究资料。

平衡版权保护与用户体验：高教社版权保护探析①

第一部分 案例正文

摘要：随着信息技术的飞速发展，网络出版物的传播变得日益便捷与广泛，但同时也带来了版权保护的新挑战，作为中国高等教育出版领域的重要力量，高等教育出版社的多媒体课程也面临着诸多被盗版的风险。本案例首先介绍了高等教育出版社的版权保护实践，特别是其如何平衡版权保护技术与用户体验之间的关系；其次，从教学设计角度分析了面对版权挑战与版权保护技术选择时，出版机构不变的决策逻辑应该是平衡好版权保护与用户体验。

关键词：高等教育出版社，版权保护，版权保护技术

（一）案例背景

高等教育出版社（以下简称“高教社”）成立于1954年5月18日，是中华人民共和国教育部所属的综合性大型出版社，主要负责全国高等教育、职业技术教育和成人教育教材的出版工作。自成立以来，高教社经历了多次合并与分立，逐步发展成为具备多学科、多类型、多层次、多品种、多媒体形式出版能力的综合性出版机构。1983年，党和国家领导人邓小平同志亲自为高教社题写了社名，进一步提升了其在国内外的知名度和影响力。

高教社在出版领域取得了显著成就，不仅出版了大量高质量的教材和教学参考书，还积极开拓电子出版、网络出版等新型业务。截至2024年10月，高教社已累计出版音像制品722种、电子出版物756种，其中不乏获得国家级奖项的优秀作品，如其音像制品连续5届获得中国出版政府奖，具有代表性的《大型音像出版工程——魅力中国（中英双语）》在第二届中国出版政府奖中获奖。高教社出版的电子出版物中，“数字课程出版云平台”在第五届

① 本案例为河北大学2023级出版专硕孔瑞焘同学作业，在杨金花老师指导下写作与完善。

中国出版政府奖中荣获音像制品、电子出版物和网络出版物奖提名奖。这些奖项代表了国家对高教社电子出版物和音像出版物的最高认可，是对出版物内容质量、技术创新和市场影响力的综合评价。这些出版物不仅满足了广大师生的教学需求，也为推动中国高等教育事业的发展做出了重要贡献。

（二）高教社的版权保护实践

数字化时代，版权保护成为知识产权领域的重要议题，尤其是对以内容生产与传播为核心的出版机构而言，版权保护不仅关乎其经济利益，更直接影响到其文化创新能力和社会影响力。高教社通过有效的版权保护，为用户提供优质、安全的数字产品和服务体验的同时，也确保了自身的不断创新和发展。

1. 主要版权保护管理措施

建立健全版权管理制度。高教社高度重视版权管理工作，建立了完善的版权管理制度。该制度明确了版权管理的职责分工、工作流程和奖惩机制，确保版权管理工作有章可循、有据可查。同时，高教社还加强了对员工的版权意识教育，定期组织版权知识培训和交流活动，提高全体员工的版权保护意识和能力。

加强版权合同管理。高教社在版权合同管理方面采取了严格措施。在签订版权合同时，高教社会明确约定作品的使用范围、期限、报酬等关键条款，确保合同内容合法、公平、合理。同时，高教社还建立了版权合同档案管理制度，对每一份版权合同进行编号、归档和保管，以便随时查阅和追溯。

加大版权维权力度。面对日益严峻的版权侵权形势，高教社加大了版权维权力度。一方面，高教社积极与版权执法部门合作，共同打击各类侵权行为；另一方面，高教社还建立了自己的版权维权团队，通过法律手段维护自身合法权益。近年来，高教社成功处理了多起版权侵权案件，有效震慑了侵权者，维护了良好的市场秩序。

2. 版权保护技术与用户体验

为了有效保护版权并维护市场秩序，高教社决定引入 DRM（Digital Rights Management，数字版权管理）技术加强版权保护。DRM 技术是一种通过加密、授权和认证等手段保护数字内容不被非法复制、分发和使用的技术。DRM 技术兼顾了版权保护和用户体验，具有一定的优势。市场上的有些加密软件在防止侵权盗版的同时，也影响了用户的使用体验和效果。例如数字水印技术通过在数字内容中嵌入版权信息来保护版权，但也会使内容质量受到一定影响，如图像质量下降、音频质量失真等；再如这项技术通过将内容与特定硬件设备绑定来防止非法复制和分发，但多硬件绑定技术可能导致用户在更换设备或升级系统时遇到困难，因为他们可能无法在新设备上访问已购买的内容。

高教社技术部门首先对市面上的 DRM 技术提供商进行了全面调研和评估，经过对比分析后，高教社选择了海海软件 Media DRM 加密软件作为其数字版权保护的技术支持系统。该软件具有成熟稳定、安全可靠的特点，且应用范例众多，能够满足高教社对版权保护的需求。在选定技术提供商后，高教社与海海软件团队进行了系统部署和测试工作，双方共同制定了详细的实施方案和测试计划，并严格按照计划执行。经过多轮测试和优化后，系统成功上线并稳定运行。系统上线后，高教社又对版权保护效果进行了全面评估，评估结果显示，DRM 技术引入后，盗版行为得到有效遏制，市场秩序得到维护，用户使用体验也得到了提升，满意度和忠诚度显著提高。

DRM 技术主要通过自动化和智能化的手段实现对数字内容的加密、授权和认证等环节的全面管理，大大提高了版权保护的效率。相比传统的人工管理方式，DRM 技术还能够更快速、准确地识别和处理侵权行为，降低了版权保护的成本和风险。高教社首先利用海海软件 Media DRM 加密软件对多媒体课程进行加密处理。加密后的课程文件只能在获得授权的设备和环境下播放和使用，无法被非法复制或分发，这种加密方式确保了课程内容的完整性和安全性，有效防止了盗版行为的发生。高教社还通过 DRM 系统实现了对课程内容的授权管理，用户需要购买或获得授权后才能访问和使用课程内容。DRM技术系统能够记录用户的访问和使用情况，并根据授权信息控制用户的访问权限和使用时间，这种授权管理方式确保了课程内容的合法使用和传播。DRM技术系统还具备版权追溯功能，一旦发现盗版行为，高教社可以通过DRM系统追踪到盗版来源和传播路径，为打击盗版行为提供有力证据。同时，DRM系统还能够记录用户的操作日志和访问记录，为版权维权提供重要参考。

DRM技术不仅保护了版权方的利益，还通过提供便捷的访问和使用方式增强了用户体验，DRM技术使得出版物如电子书和在线课程可以在多种设备上访问，如电脑、平板和智能手机等。这种跨平台的兼容性让用户能够随时随地学习，无须担心设备限制。用户在获得授权后可随时随地访问和使用课程内容，无须担心版权问题，这种便捷的使用方式提高了用户的满意度和忠诚度。高教社在引入DRM技术的过程中也遇到了一些问题亟待解决，比如技术兼容问题、技术安全风险问题、用户接受度问题等，这些对高教社来说是极大的挑战。在技术兼容性问题上，高教社在实施DRM系统时，进行彻底的技术评估，选择能够与现有基础设施无缝集成的DRM解决方案，选择了定制开发或使用适配器来确保兼容性。在技术安全风险问题上，DRM系统可能成为黑客攻击的目标，存在被破解的风险，高教社采用最新的安全措施，如加密技术和定期的安全审计，制订应急响应计划以应对可能的安全事件。在用户接受度上，由于DRM技术对于下载次数和设备等方面有一定的限制，读者可能对DRM限制感到不满，高教社通过市场调研了解用户需求，设计合理的DRM策略以平衡版权保护和用户体验，提供清晰的用户指南和客户支持以减少摩擦。

DRM技术的引入为高教社的内容创新提供了有力保障，在版权得到有效保护的前提下，高教社可以更加放心地投入资源进行内容创作和更新，在教材和教学参考书等领域不断创新和发展。

3. 多方合作是版权保护的有效途径

高教社在版权保护过程中还积极与版权执法部门、技术提供商等多方合作，共同打击侵权行为，这种多方合作的方式不仅提高了版权保护的效率和效果，还增强了各方之间的协作和配合能力。高教社建立了完善的版权管理制度和流程体系，确保了版权管理工作的规范化和制度化，引入先进的DRM技术有效地解决了传统版权保护方式存在的问题，提升了版权保护的效率，但具体落实还需要多方通力合作。因此，传统出版机构在数智化转型过程中，除了加强制度建设工作并不断完善相关制度体系、积极关注技术创新动态并适时引入新技术加强版权保护外，还应积极寻求多方合作，共同构建版权保护的良好生态环境。

（三）案例总结

高教社版权保护案例的成功实施为我国出版机构加强版权保护提供了有益借鉴和参考。通过引入先进的DRM技术、建立健全版权管理制度以及加强多方合作等方式，高教社有效解决了版权保护过程中存在的问题，提升了版权保护的效率。这些经验和做法对于其他出版机构具有重要的启示意义。未来随着信息技术的不断发展和创新，版权保护工作将面临更多挑战和机遇，因此出版机构应继续加强技术创新和制度建设，不断完善版权保护体系，积极寻求多方合作，共同构建版权保护的良好生态环境，推动出版业的健康可持续发展。

（四）思考题

1. 高教社的版权管理制度具体包含哪些内容？这些制度是如何保证版权保护工作得到有效执行的？在实际操作中，是否遇到过挑战，又是如何克服的？

2. 版权合同在高教社的版权保护中扮演了怎样的角色？

3. 在选择数字版权管理技术时，高教社是如何进行技术选择的？考虑了哪些关键因素（如技术成熟度、安全性、兼容性、成本效益等）？这些因素如何影响最终的决策？

（五）参考资料

1. 邱宁远，孙云鹏．图书版权引进过程中常见问题及解决策略——以高等教育出版社为例［J］．传播与版权，2024（2）：20-22.

2. 张晓哲．教育出版融合背景下教材数字化发展现状与路径研究——以高等教育出版社为例［J］．新闻研究导刊，2024，15（15）：246-252.

3. 张秀芹．高等教育教材出版面临的形势、问题及发展思路探析［J］．出版与印刷，2021（5）：56-62.

4. 陆朦朦．用户介入型数字版权贸易：用户角色、可能影响与平衡趋势［J］．编辑之友，2024（7）：100-104.

5. 数字版权管理（DRM）服务端组件符合性评估结果（2020 年度）［J］．广播电视信息，2020（S1）：84.

6. 张晶．从相加到相融，DRM 与 ISBN 标识符深入融合探析［J］．科技与出版，2019（9）：101-105.

7. 米竞．对网络时代版权过度保护的制度性反思——以 DRM 技术为例［J］．河南工业大学学报（社会科学版），2018，14（5）：14-20.

8. 章劲松，孙甲飞，许蕾．“数字水印＋区块链”技术在数字版权保护应用探究［C］//中国新闻技术工作者联合会．中国新闻技术工作者联合会 2023 年学术年会论文集．新华报业传媒集团，2023：215-221.

9. 吴书林．数字出版版权保护策略与技术应对措施［J］．传播与版权，2024（7）：108-110.

10. 刘嵩．数字时代图片版权现状与保护策略探究［J］．新闻研究导刊，2024，15（6）：78-80.

11. 高等教育出版社采购海海 Media DRM 加密软件［EB/OL］．（2007-05-14）［2024-10-17］流媒体网，https://lmtw.com/mzw/content/detail/id/37787/keyword_id/.

第二部分 案例使用说明书（案例教学提纲）

（一）教学目的与用途

1. 教学目的：通过介绍和分析我国出版机构在版权保护过程中遇到的问题及其解决方法，使学生较为深入地理解版权保护。

2. 适用对象：出版专硕、编辑出版学高年级本科生。

3. 适用课程：出版学概论、出版经营与管理、版权与版权贸易、出版物编辑与制作、数字出版等。

4. 教学目标：使学生理解版权保护的重要性，了解版权保护相关技术及其与出版经营管理之间的关系，提高学生版权保护的综合素养。

（二）课前准备

了解数字出版环境下的版权问题：随着数字技术的发展，版权保护面临的新挑战——版权保护机制的利益失衡现象，以及如何在利益平衡视野下分析版权保护机制的规制逻辑；

了解版权保护的技术措施：数字版权管理技术及其在版权保护中的作用，以及如何通过技术手段实现版权保护与用户利益的平衡；

准备讨论问题：提示学生准备一些问题或观点，以便在课堂上与同学和教师进行讨论。

（三）案例知识点

产权理论视角下的版权保护，版权保护技术与用户（出版经营管理的要素之一）之间的关系。

（四）启发性问题设置

1. 版权保护与用户体验之间的平衡点在哪里？在加强版权保护的同时，如何确保用户体验不受负面影响？高教社是如何在版权保护与用户体验之间找到平衡点的？这一平衡点的确定是否需要随着市场环境和技术发展的变化而不断调整？

2. 如何构建更加协同的版权保护生态？高教社在版权保护过程中积极寻

求多方合作，这为我们提供了哪些启示？在构建更加协同的版权保护生态方面，还有哪些角色（如政府、行业协会、技术提供商、用户等）可以发挥更大作用？如何促进这些角色之间的有效沟通与合作？

3. 技术创新如何重塑版权保护格局？考虑到DRM技术在高教社版权保护中的成功应用，我们如何理解技术创新在重塑版权保护格局中的作用？未来还有哪些新兴技术（如区块链、人工智能等）可能进一步改变版权保护的方式和效果？

（五）问题探讨和理论分析

1. 数字化时代的版权挑战。随着互联网的普及和数字技术的飞速发展，版权侵权现象日益复杂，出版机构面临的主要挑战包括：（1）侵权手段多样化。从简单的复制粘贴到复杂的网络爬虫技术，侵权手段不断更新换代，使得版权监控和维权难度加大。（2）版权保护与用户体验的平衡。如何在保护版权的同时，确保用户能够便捷地获取和使用教育资源，成为高教社必须面对的问题。

2. 产权理论视角下的版权保护。产权理论认为，产权的清晰界定和有效保护是激励创新和促进经济发展的重要前提。对于出版机构而言，版权是其核心资产之一，清晰的版权界定和有效的版权保护能够激励其持续投入资源进行内容创新，进而推动教育文化事业的繁荣发展。因此，出版机构加强版权保护不仅是维护自身利益的需要，更是履行社会责任、促进文化创新发展的重要体现。

3. 版权保护与用户体验的平衡机制。版权保护与用户体验之间的平衡是一个复杂而微妙的问题。技术创新是推动版权保护不断发展的重要动力，随着数字技术的不断发展，新的版权保护技术不断涌现，为出版机构提供了更多高效、便捷的版权保护手段，但其采用新技术的决策逻辑仍是平衡好用户体验与版权保护的关系。例如，高教社可以开发更加智能化的DRM系统，根据用户的使用习惯和需求自动调整授权策略；或者提供多种授权模式供用户选择，以满足不同用户群体的需求。再如，区块链技术因其去中心化、不可篡改等特性，在版权保护领域具有广阔的应用前景，高教社可以利用区块链技术，实现对作品创作、传播和使用的全程记录与追踪，为版权维权提供更加有力的证据支持。未来，随着数字技术的不断发展和全球化进程的加速推进，出版机构需要不断创新版权保护策略和方法，以适应新的形势和要求。不变的是，出版机构在追求版权保护的同时，必须充分考虑用户的需求和体验感受，通过建立用户反馈机制、优化DRM技术的使用方式等措施，及时了解用户的需求和反馈意见，并根据实际情况进行调整和优化。同时，出版机构还可以通过加强用户教育、提升用户版权意识等方式，引导用户自觉遵守版权法律法规，共同维护良好的版权环境。

（六）课堂组织计划

首先，让学生带着思考题熟悉案例内容。(5分钟左右)

其次，通过启发性问题设置，引导学生认识到版权保护技术与出版经营管理之间的密切关系。(10分钟左右)

再次，进行问题探讨和理论分析。(15分钟左右)

最后，让学生进行知识迁移，以自己熟悉或使用过的数字产品为例，反思自身使用体验，分析推测出版机构在引入版权保护技术的同时，有无认真考虑用户体验，针对用户反馈有无明显改进？思考如果你是产品经理，会如何做？

（七）补充材料

提前到高教社网站收集一些图文资料；以教师/学生身份体验其数字产品，并做好记录和截图；查阅其数字产品研究资料或相关报道。

后　　记

2012年我从河北大学出版社转入河北大学新闻传播学院编辑出版学系从事教研工作，其中的心路历程可以说从自信满满到诚惶诚恐再到焦头烂额。近十五年的出版实践经验加之师长的鼓励，我浅薄地以为自己轻轻松松就能胜任这份工作，但面对学生热切求知的眼神，我发现自己的那点实务经验和体会，如果不能附着在课程体系中，不超过三周就提供不了新的知识和认知。为此我重新补课，有意从史、论、务、法角度买来编辑出版及相关领域有代表性的教材和专著进行研读，发现出版研究真是一门大学问，涉及多个学科专业领域的交叉知识，我开始诚惶诚恐地阅读学习。2019年，偶然原因，我开始负责编辑出版专业教研工作，又发现出版教育教学本身也是一门大学问，可还没等我深入理解和调整好心态，教育改革政策接踵而来，我一下陷入专业"生死保卫战"的焦虑中，生怕由于自己的无知无能使得我们河北大学出版专业二十多年努力取得的办学成效烟消云散。

出版学科专业是实践性很强的学科专业，近年来出版生态发生了巨大变化，教研活动中我越发感觉到出版教育与业界需求之间的差距在不断加大。尽管我知道学校教育与社会需求之间天然存在差距，但我同时也知道，一旦阈值超过临界点（虽然不知道那个临界点在哪儿以及什么时候到来），专业生存危机就真的到了。好在出版学界和业界的有识之士一直居安思危，不断呼吁和推进出版学科政产学研用共建工作，特别是2022年在中宣部指导下的出版学科共建工作，让我突然有了强大依靠的感觉。也正是在此背景下，河北大学校领导和新闻传播学院院领导重点支持出版专业与中国版权保护中心深度合作，共同培养适应出版业需求的版权人才。

本书即是在笔者2023年申请的中国版权保护中心版权研究课题“出版学科共建视域下版权人才培养模式研究”结项报告基础上，结合多年来的教学，特别是案例教学思考而成。在此，我除了感谢中国版权保护中心的领导和评审专家，感谢团队的同人，还特别感谢我教过的和正在教的学生们，与你们两年、三年、四年甚至六年的相处，不但让我体会到了教学相长的喜悦，而且你们就像一面镜子，时时提醒我永葆教育的初心与青春！

本书的出版还得到了河北大学新闻传播学院领导、编辑出版学国家级一流本科专业建设点的经费支持，得到了河北大学出版社领导和我曾经的同事、现在的好朋友们的支持，在此一并致谢！

做任何事情都有节奏和时间节点，我总是后知后觉，总是被动地追赶，因此，这部薄薄的小书虽说不是急就章，但里面一定有不少漏洞，期盼方家指正，我虚心接受并表达诚挚的谢意！

杨金花

2024年10月27日